HELPING YOUR CHILD WITH SELECTIVE MUTISM

선택적 함묵증 자녀를 둔 부모와
치료자를 위한 지침서

아이가 말을 안 해요

Angela E. McHolm, Charles E. Cunningham, Melanie K. Vanier 지음
김광웅, 홍주란 옮김

Σ 시그마프레스

선택적 함묵증 자녀를 둔 부모와 치료자를 위한 지침서

아이가 말을 안 해요

발행일 | 2009년 1월 5일 1쇄 발행
2013년 7월 1일 2쇄 발행

저자 | Angela E. McHolm, Charles E. Cunningham, Melanie K. Vanier
역자 | 김광웅, 홍주란
발행인 | 강학경
발행처 | (주) 시그마프레스
편집 | 이상화
교정 · 교열 | 조현주

등록번호 | 제10-2642호
주소 | 서울특별시 영등포구 양평로 22길 21 선유도코오롱디지털타워 A401~403호
전자우편 | sigma@spress.co.kr
홈페이지 | www.sigmapress.co.kr
전화 | (02)323-4845, (02)2062-5184~8
팩스 | (02)323-4197

ISBN | 978-89-5832-578-9

Helping Your Child with Selective Mutism

*책값은 뒤표지에 있습니다.

학교 중심 접근을 선택하고 부모들이 그것을 이용할 수 있도록 함으로써, 저자들은 그들의 개입 프로그램으로부터 보다 많은 사람들이 이익을 얻을 수 있도록 하였다. 프로그램은 잘 조직되어 있고, 철저히 연구된 단계적이고 체계적인 전략들을 사용한다. 확립된 학습 원칙에 기초하여 이 프로그램은 부모들로 하여금 아동이 말하는 두려움을 극복할 수 있도록 단계적 방법을 가르쳐 주고 이를 조직화하여 연습할 수 있는 방법을 잘 보여 주고 있다. 나는 부모들이 이 책을 읽고 프로그램을 적용시키기를 적극 권한다.

–필립 켄댈 박사, 템플대학교 로라 카넬 심리학 교수 및 아동 청소년 불안 장애클리닉 이사

마침내 선택적 함묵증 아동의 부모들이 그 어려운 문제를 해결하는 데 도움을 주는 포괄적인 책이 출간되었다. 이 책은 아동이 선택적 함묵증을 완전히 극복하도록 도와주기 위해 상세하고 실천적이며 단계적인 프로그램과 함께 이 장애에 대한 구체적인 설명을 제공하고 있다. 만약 당신이 선택적 함묵증 아동을 돌보고 있다면 반드시 이 책을 읽어야 한다. 또한 선택적 함묵증을 치료하는 교사들과 교수들에게도 좋은 자료임에 틀림없다.

–마틴 안토니 박사, 성 요셉 헬스케어 불안 치료 및 연구센터 이사 및 캐나다 온타리오 주 맥매스터 대학교 정신의학 및 행동 신경과학부 교수

이 책은 선택적 함묵증이라는 주제에 관해서 부모들에게 큰 도움을 주는 최고의 책이다. 아동기 상태의 특성과 원인에 관한 정보들과, 그것을 효과적으로 치료하고 극복하는 방법에 대한 실천적 조언들로 채워져 있는 이 책은 부모들에게 선택적 함묵증 아동을 위한 대단히 유용하고 신뢰할 만한 과학적인 프로그램을 제공한다. 맥홈 및 커닝햄보다 선택적 함묵증 아동의 치료에 관한 임상적 경험을 많이 가지고 있는 전문가는 드물다. 이 책을 손에 든 당신은 훌륭한 선택을 한 것이다.

–러셀 바클리 박사, 뉴욕 주 시러큐스 주립 업스테이트 메디컬 스쿨 정신의학 연구 교수

역자서문

말을 적절하게 잘 하는 것만큼 중요한 일은 없다. 말은 특히 대인관계의 성패를 좌우하는 결정적 요소가 될 수 있다. 예부터 사람됨을 살필 때, 그 주된 요소를 신언서판(身言書判)이라 하였다. '말 한마디로 천 냥 빚을 갚는다' 고도 하였다. 행복하고 성공적인 삶을 영위하는 데 말이 차지하는 비중을 잘 드러내는 증좌들이다. '침묵은 금' 이라는 격언의 의미 역시 마찬가지다. 때와 정황에 따라 적당히 말을 아끼는 것이 최선책일 수 있다는 뜻이다. 그래서 말을 잘 하는 사람은 침묵을 적절하게 잘 활용한다. 결국 침묵은 말을 잘 하는 사람들의 언어적 도구이기에 침묵도 말이라는 뜻이 된다.

그런데 자기 의지와 상관없이 말을 할 수 없는 경우에 처하는 사람들이 있다. 때와 장소에 상관없이 말을 할 수 없다면 문제는 전혀 다르다. 어떤 특정 상황, 특정 대상 앞에서만 말하기가 두렵고 말이 나오지 않으니 난감하기 그지없을 것이다. 그 특정 상황이나 대상은 대체로 아주 중요한 의의를 지니는 것들이기 때문에 문제는 더욱 심각하다.

한창 자라는 아이들에게서 이런 모습을 보게 되면 어른들의 마음은 안타깝다. 특히 그 부모의 심정은 참으로 슬프고 참담하다. 왜 내 아이가 이럴까 하는 회한과 분노의 감정까지 가질 수 있다. 요즘 이런 선택적 함묵증(選擇的 含默症) 아동들이 임상현장에서 많이 보고되고 있다. 그러나 아직 이런 아동들을 도와줄 수 있는 방안들이 많이 제시되어 있지 않다. 우리는 줄곧 이것이 앞으로 아동 임상 분야에서 감당해야 할 중요한 과제라고 생각해 왔다.

그러던 차에 캐나다 맥매스터 대학병원의 안젤라 맥홈(Angela McHolm)과 찰스 커닝햄(Charles Cunningham) 박사의 이 책을 발견하게 되었다. 내용을 검토해 보니 저자들이 임상 현장에서 경험하면서 고안하고 개발한 아주 실용적으로 유용한 자료로 엮여 있음을 발견하고 기쁜 마음으로 번역에 착수하였다. 외국의 상황과 문화 속에서 이루어진 일들이고 아이디어지만 특별한 대안이 없는 우리의 처지로서는 참으로 고마운 자료임에 틀림없다. 이 책을 읽고 난 독자들도 역자들과 마찬가지의 생각을 가질 것이라 믿는다. 특히 임상을 하는 전문가들에게 특별한 도움을 줄 것으로 확신한다. 또한 아동 심리치료나 아동상담을 공부하는 학생들에게도 좋은 안내서가 될 것이다. 무엇보다도 이런 어려움을 겪는 아동을 자녀로 둔 부모들에게 아주 큰 도움이 되고 위로가 되는 자료이다. 기꺼이 출판을 결정하고 함께해 준 (주)시그마프레스 강학경 사장님과 관계자 여러분께 감사드린다.

2008년 12월

김광웅, 홍주란

추천의 글

15년 전 신참 심리학 강사였을 때, 나는 선택적으로 함묵하는 어린 아이를 관찰하게 된 학생의 임상 과제를 지도하게 되었다. 그 아이는(피터라고 부르자) 일곱 살이었고, 집에서는 말하는 것을 막을 수 없을 정도라는 부모의 얘기에도 불구하고 학교에서는 누구와도 대화하지 않았다. 유능한 치료사들이 하는 것처럼 나는 학생에게 가장 잘 검사되었고 철저하게 지원하는 치료를 찾기 위해 관련 문헌을 찾아보라고 하였다. 그 학생이 폭넓고 적절하게 수행된 단 하나의 연구도 찾아낼 수 없다고 말하면서 돌아왔을 때, 나는 충격을 받았다. 우리는 학교 교직원과 다양한 정신건강 전문가들과 얘기하였고, 매우 다양한 영역의 제안을 받았다. 마침내 우리는 표준 심리학 원칙들에 따라 우리가 할 수 있는 최선의 것을 할 수 있었고, 피터는 점점 자신감의 영역을 넓혀 나갔다.

지난 15년 동안 큰 변화는 없었지만, 우리는 선택적 함묵증에 대해 좀 더 알게 되었고 몇몇 기술적 연구 역시 진행되고 있다. 하지만 여전히 최선의 치료 기술에 대한 탄탄한 연구가 상대적으로 부족하고, 더욱 놀라운 것은 이 문제에 대한 민간의 잘못된 정보가 여전히 광범위하게 퍼져 있다는 것이다. 그것이 이 책이 중요해지는 하나의 이유이다.

몇 달 전 한 지역 방송 프로그램에서 선택적 함묵증에 관하여 인터뷰를 했다. 그 프로그램은 교실에서 선생님이나 다른 학생들에게 말하지 않는 1학년인 어린 여학생을 촬영했다. 학교는 그 학생을 발달이 늦은 학생들을 위한 특수학교로 전학시키는 것을 고려하고 있었다. 나는 프로그램에서 선택적 함묵증과 불안과의 관계, 이러한 증세를 가진 아이들이 극도로 부끄러움을 많이 타는 아이들과 얼마나 유사한지에 관해 말했다. 또한 선택적 함묵증과 낮은 지능 간에 아무런 관계가 없다는 말도 했다.

프로그램이 끝나고 난 뒤, 나는 분노하거나 안심하게 되거나 감사해 하는 많은 부모들로부터 전화를 받았다. 부모들은 교육 및 건강 시스템으로부터 받은 엄청난 회피와 발뺌 때문에 많이 화가 나 있었다. 많은 부모들이 자신의 아이가 자폐와 같은 발달지체를 가지고 있다고 들었고, 다른 부모들은 자신의 아이가 단지 장난꾸러기라거나 고의적이며 말하지 않음으로써 얻을 수 있는 관심을 좋아하는 것이라는 말을 들었다. 또한 많은 부모들이 할 수 있는 것이 아무것도 없고 하나의 과정에 불과하니, 곧 말하지 않는 것에 싫증을 느껴 그것으로부터 빠져나올 수 있을 것이라고 들었다. 그리고 부모들은 마침내 자신들에게 누군가가 합리성 있는 정보를 주는 것에 안도하고 감사했다. 선택적 함묵증 아동의 부모들은 자신의 아이가 발달이 늦거나 장난꾸러기가 아니라는 사실을 알고 있고, 오히려 그 문제가 연구되고 아동들을 도울 수 있는 프로그램이 존재한다는 사실을 알고 있어야 한다.

많은 선택적 함묵증 아동 부모들이 무슨 얘기를 들었는지와 관계없이 선택적 함묵증은 아동과 아동 곁에 있는 사람들의 삶을 황폐하게 만들 수 있는 매우 현실적인 문제이다. 그것은 부모가 자신들의 아이가 똑똑하며 재능이 있지만 단지 친구들과 선생님으로부터 소극적이고 침묵하고 있는 이방인이라는 얘기를 듣기 때문에 가장 혼란스럽고 좌절감을 주는 문제들 중 하나일 수 있다. 또한 우리는 선택적 함묵증의 장기적인 영향을 잘 알지 못한다. 하지만 극도로 과도한 부끄러움이 아동의 삶을 제한할 수 있고 매우 수줍어하고 불안이 많은 아동들은 성장할수록 광범위한 문제들의 위험에 더 많이 노출될 수 있다. 그것이 조기에 도움이 필요한 중요한 이유다.

안젤라(Angela) 박사가 내게 추천사를 써 달라고 부탁했을 때, 나는 흔쾌히 승낙했다. 선택적 함묵증을 치료하는 가장 좋은 방법들에 대한 정보가 매우 적고 부모들을 위한 정보는 무섭고 혼란스럽기 때문에 나는 이 책이 그 중요한 간격을 메워 줄 수 있을 것이라 생각한다. 선택적 함묵증 아이의 부모로서 이 책은 당신이 읽어 본 책들 중 가장 중요한 책이 될 수 있을 것이다. 이 책은 매우 세심하게 쓰였고, 명확한 구조와 정보 및 내용을 제공하고 있다. 이 책은 부모에게 실제 사례와 구체적 정보를 제공하고 있고 그것들은 부모들이 자신들의 아이를 돕거나 전문가들이 그 아이를 돕기 위해 무엇을 해야 하는지에 대해 알 수 있게 해 준다.

선택적 함묵증은 불안 문제의 한 유형인데, 지난 10년간 아동의 불안을 관리하는 전문적 발전은 선택적 함묵증을 관리하는 데 큰 도움이 될 것이다. 하지만 선택적으로 함묵하는 아동들은 자신만의 패턴과 버릇이 있고 이는 특별한 전략을 요구한다. 이 책에 들어 있는 정보들은 가장 최근의 학문적 정보에 기초하고 있고, 최첨단의 전략에 기초하여 선택적 함묵 아동을 도울 수 있는 방법들을 설명하고 있다. 안젤라 박사, 찰스 박사와 멜라니(Melanie)에 의해 운영되고 있는 맥매스터 아동 병원(McMaster Children's Hospital) 팀은 선택적 함묵증 아동과 그 가족들을 돕고 연구한 다년간의 경험이 있고, 저자들은 자신들의 축척된 전문성과 세밀함을 이 책에 반영하였다. 나는 이 책이 선택적 함묵증 아동을 둔 부모들의 바람에 답할 것이라고 생각하며, 나 역시 이 책을 내담자에게 소개할 것이다.

로널드 라피(Ronald M. Rapee)

심리학 교수 및 이사

호주 시드니 맥쿼리 대학교 불안 연구 유닛

차례 Contents

서론

선택적 함묵증의 원인에 대해서는 다양한 해석이 존재하지만, 선택적 함묵증은 불안에 기초를 둘 가능성이 높다. 다시 말해 전체 상황이 아닌 몇몇 상황에서 아동에게 말하기를 이끌어내는 데 있어서 일반적 상황에서의 말하기 혹은 듣는(또는 보거나) 상태에서와는 다른 두려움을 나타내는 것을 말한다. 기본적인 양상은 불안이지만, 두려움과 불안의 또 다른 형태를 다루는 데 있어서 도움이 되는 전략들을 증명하는 것이 이 책의 주된 초점이다.

선택적 함묵증의 영역에도 불구하고, 만약 아이가 불안 때문에 말을 하지 않았다면 이 책에서의 전략들은 당신에게 도움을 줄 수 있다. 이 책이 할 수 없는 것은 선택적 함묵증의 고유한 많은 사례를 제공하거나 부모를 도와주기 위해 필요한 모든 정보의 조각들을 제공하는 것이다. 이러한 이유에서 우리는 아이의 이익을 위해 전문가에게 조언을 구할 것을 강력하게 추천한다. 당신이 이 책에서 배울 정보와 전략들은 당신의 정신건강 전문가, 의학 전문가, 다른 서비스를 제공하는 사람과의 작업에서 함께 보충할 수 있다.

선택적 함묵증은 새로운 양상인가?

선택적 함묵증 용어는 최근에 과학 문헌에서만 사용되었다는 사실에도 불구하고, 정신건강 전문가들은 전체 상황이 아닌 특정한 상황에서만 말하는 아동들을 설명해 오고 있었다. 1877년까지 독일 내과의사 클리프턴(Clifton Kussmaul)은 자발적 실어증(aphasia voluntaria)으로 불리는 장애로 처음 기술했다. 이는 전반적으로 말하는 능력이 있음에도 어떤 상황에서 말하지 않았던 사람을 지칭하는 것이었다. 60년 후 1934년 스위스 심리학자 모리츠 트라머(Moritz Tramer)는 이러한 아동들을 설명하기 위해 선택적 함묵증(elective mutism)이라는 용어를 만들었다. 그 당시 트라머는 이러한 아동들이 선택적(elective)으로 말하지 않는 것을 주된 특징으로 묘사했다. 전문가들은 아동의 함묵이 자유 의지거나 선택의 문제가 아닐지도 모른다는 것을 판단하기 위해 노력했다. 현재의 용어 "선택적 함묵증"(selective mutism, American Psychiatric Association, 1994)은 아동이 특정한 상황이나 선택적으로만 편안하게 말하는 상태를 더 정확하게 반영하기 위한 것이다.

저자에 관하여

안젤라 맥홈 박사(Dr. Angela McHolm)는 캐나다 온타리오 주 해밀턴에 있는 맥매스터 아동병원(McMaster Children's Hospital)에서 선택적 함묵증 서비스의 책임자로 근무하는 임상 심리학자이다. 선택적 함묵증 서비스는 선택적 함묵증 아동을 지원하고, 그 가족들과 전문가에게 임상 서비스와 조언을 제공한다. 맥홈 박사는 전문가들을 위한 훈련 프로그램, 선택적 함묵증 아동들에게 적합한 개별치료의 모델들, 부모들과 전문가들을 위한 집단 워크숍 시리즈를 책임지고 있다. 맥홈 박사는 임상적 서비스와 조언을 제공할 뿐 아니라, 폭넓은 주제를 소개하고 찰스 커닝햄 박사(Dr. Charles Cunninham)와 함께 모험적이고 다양한 연구에 참여해 왔다.

커닝햄 박사는 맥매스터 아동 병원에서의 커뮤니티 교육 서비스(Community Education Service) 임상 책임자이고, 심리학 및 행동 신경학과 교수, 캐나다 온타리오 주 해밀턴, 맥매스터 대학교(McMastger University)의 건강 과학 교수로서 환자 중심 건강관리 잭 래들로 체어상(Jack Laidlaw Chair in Patient-Centered Health Care)을 수상한 바 있다. 커닝햄 박사는 아동의 정신건강에 관련된 다양한 주제를 소개하고 출판했다. 선택적 함묵증 분야에 있어서 커닝햄 박사는 대략 30년의 임상 경험을 갖고 있고 다양한 출판물을 공동집필해 왔다. 특히 이 책에서 설명된 개입 접근은 그의 프로그램에 기초를 둔 것이다. 그는 이 책에 『선택적 함묵증 극복 : 학교 중심 공동 접근(A Collaborative School-Based Approach)』(2001)을 상세히 설명했다. 당신이 읽고 있는 이 책은 관심 있는 부모를 위해서 중요한 적응 및 추가와 함께 커닝햄 박사의 기본 안내서의 부모 주도 영역 부분을 포함한다.

멜라니 바니에(Melanie Vanier)는 이 책을 쓸 당시 맥매스터 아동병원에서 선택적 함묵증 서비스의 임상가로서 일하고 있었다. 바니에는 프로그램의 임상적 작업뿐 아니라, 전문가를 위한 훈련 프로그램과 부모와 전문가를 위한 매뉴얼화된 집단 워크숍 시리즈의 발전 및 저작물에 관한 공동 연구를 했다. 그녀는 또한 선택적 함묵증 서비스에서 제공된 임상적 서비스의 평가에 참여해 왔다. 바니에는 아동임상심리 박사를 거의 수료하였다.

왜 이 책을 썼는가?

선택적 함묵증 아동들과의 임상적 작업을 통하여 우리는 아동들을 지원하기 위해 어떤 것이 최선이며, 이에 관련된 이슈, 선택적 함묵증에 대해 더 배우기 위해 동기부여가 된 적극적인 부모들의 그룹을 소개해 왔다. 부모들에게 그 주제에 관한 유용하고 질 좋은 읽을거리를 제공하기 위해 우리는 적절한 자료를 찾아 이곳저곳을 돌아다녔다. 그러나 그 주제에 대해서는 상대적으로 출판물이 부족하다는 것이 우리의 결론이었다. 그 자료들 중에서도 제한적으로 말하는 아동의 방식을 이해하기 위해 고군분투하는 부모들이나 그 아동들의 일상적인 기능에 대한 그러한 방식들의 효과와 부모들이 선택적 함묵증 아동을 지원하면서 할 수 있는 역할에 대한 적절한 자료는 매우 드물었다. 결과적으로 부모들은 그들의 아이를 위한 관심이 적절한지 의문을 나타내고, 고립감과 무력감을 느낄 수 있다.

선택적 함묵증 아동의 부모들은 "나의 가족은 아이가 단지 수줍어한다고 생각한다. 그래서 나는 걱정하지 않았다." 혹은 "나의 가족 주치의는 아이가 자라면 수줍음이 고쳐질 것이라고 말해 왔다."와 같이 자기불신을 하는 것을 종종 듣게 된다. 당신은 이러한 종류의 견해를 말한 적이 있는가? 부모로서 더 많이 또 어떻게 도울 수 있는지 알아보기 위해 무엇을 할 수 있는지 궁금해한 적이 있는가?

이 책의 사용법

우리는 이 책이 당신에게 전문가의 임상적 경험과 유용한 연구에 기반을 둔 선택적 함묵증에 관한 가치 있는 정보를 제공할 수 있기를 바란다. 당신은 그 양상에 대해 이해될 수 있는 것, 전문적인 서비스가 도움이 될지도 모르는 것, 일반적인 양육 문제와 관련된 것에 대한 견해를 제공 받을 것이다. 가장 중요한 것은 당신은 중요한 역할을 할 수 있는 협력적 학교 중심 개입 프로그램(school-based intervention program)에 대해 소개 받게 될 것이라는 점이다. 당신과 부모들에게 적절한 정보와 전략을 만들면서, 우리는 아이가 학교 안팎에서 선택적 함묵증을 극복할 수 있도록 돕는 데 있어 당신이 적극적으로 참여할 수 있다는 사실을 알게 되기를 바란다.

당신은 이 책을 통해 선택적 함묵증의 견해를 제공하기 위한 3개의 섹션과 아이의 발달을 유지하는 법에 대한 정보, 효과적인 개입 프로그램을 계획하는 법을 세밀하게 보게 될 것이다. 이 단계적인 안내는 당신과 당신을 도울 전문가에게 말하는 것을 두려워하는 아이와의 작업을 돕기 위해 사용될 수 있는 특별한 전략들을 설명하게 될 것이다. 아이에게 전략들이 어떻게 적용될 수 있는지와 당신이 각각의 전략을 확실하게 이해하기 위해서 무엇이 도움이 되는지 알아보고 아이의 상황에 대해 생각해 볼 수 있도록 연습을 통해 작업할 수 있는 기회를 가질 것이다. 연습을 해 나가는 동안의 아이디어를 기억하기 위해 당신의 생각들과 질문들을 기록하기 위한 노트가 필요할 것이다. 만약 당신이 사용할 수 있는 노트를 이미 가지고 있다면, 제1장에 들어가기 전에 노트를 가져올 필요가 있다.

선택적 함묵증 아동 2명의 사례

선택적 함묵증의 전형적인 징후를 나타내는 두 아동의 사례를 보면서 이 양상에 대한 논의를 시작하고자 한다. 우리는 이러한 아동들에게 이 책에 묘사된 전략이 도움이 될 거라고 믿는다. 이 책을 통하여 우리는 묘사된 기술들이 어떻게 현실에 적용될 수 있는지를 당신에게 보여 주기 위한 방법으로 선택적 함묵증 아동들을 설명할 것이다.

사라(Sarah, 6세)는 일반학급 1학년 학생이다. 3살 때, 사라는 말 표현이 불명확하여 언어치료사에게 말하기와 언어에 대한 평가를 받았다. 사라는 단기간 언어치료를 받았고 사라의 엄마는 현재 그녀의 말하기가 괜찮다고 얘기하였다. 엄마는 사라가 직계 가족과 함께 있거나 집에 있을 때에는 수다쟁이 같다고 말했다. 또한 사라가 동네에서 식료품 직원이나 교통안전 유도원과 같은 어른들과 예의바르게 대화한다고 얘기했다. 사라의 가족은 사라가 학교를 다니기 시작한 후 두 번 이사를 했었고 이사와 함께 사라의 이웃들과 학교가 바뀌었다.

사라의 담임교사는 사라가 학급에서 인기 있었고, 종종 같은 반 친구들의 초대를 받기도 했다고 말했다. 그러나 사라는 학급에서 단 한 명의 아동과만 얘기하였다. 그 아이는 3년 전 같은 데이케어 센터에 입학했던 여자아이이다. 사라는 놀이터에서 혼자 있을 때와 같은 특정한 상황에서 학교에서의 유일한 친구인 그녀에게 말하였다. 사라는 선생님에게 전혀 말하지 않았고, 실제로 학교에서 어떤 성인과도 말하지 않았다.

피터(Peter, 11세)는 대도시 내 학교에 다니는 6학년 학생이다. 피터는 부모와 어린 여동생과 함께 대략 5년 전 이 지역으로 이사를 왔다. 집에서 가족들은 영어가 아닌 모국어로 대화를 한다. 그러나 피터는 학년에 적절한 영어 지식을 가지고 있었고 어려움 없이 말을 할 수 있다. 가족과 함께 있을 때, 피터는 편안하게 말하며 대단한 유머감각을 가지고 있다. 그러나 피터의 부모들은 피터가 항상 수줍어하고 익숙하지 않은 사람이나 상황에서는 적응하는 데 시간이 필요했다고 말했다. 피터에게는 어린 시절에 한 명의 특별한 이웃 친구가 있었지만, 이 지역에 이사 온 후 새로운 친구를 사귀지는 못했다. 피터는 방에서 컴퓨터 게임을 하면서 대부분의 자유 시간을 혼자 보내는 경향이 있었다. 피터는 구조화된 과외활동에 참여하지 않았고, 피터의 가족은 확대가족들과 함께 시간을 보내는 것을 더 좋아하는 경향이 있었다. 피터의 아빠는 피터의 상황과 관련될 수 있는데, 아빠는 어린 시절 과도하게 수줍은 소년이었고, 여전히 사회적 상황에서 불편함을 느낀다고 회상하였다.

학교에서 피터는 숙제하는 데 대부분의 점심 및 휴식시간을 보냈고, 자기 스스로 그것을 지키려는 경향이 있었다. 비록 그룹 프로젝트나 학급 과제 동안 친구들과 비언어적으로 상호작용하기 위해 애를 썼지만,

다른 학생들과는 말하지 않았다. 피터는 모든 과목에서 탁월했고, 좋은 성적을 얻기 위해 동기부여가 되어 있었다. 최근 피터는 평가 상황에서 필요하다면(예를 들면, 과제에 대해 묻거나 요구할 때 그의 읽기 기술을 보이기 위해) 일대일로 선생님에게 말하기 시작했다. 이러한 드문 상황하에서 피터는 제한적으로 말했고, 조용한 목소리를 사용하고 그의 반 친구로부터 멀어졌을 때만 말했다.

이러한 선택적 함묵증 아동의 두 사례들은 말하는 두려움이 각기 다른 방식으로 어떻게 아동의 삶에 영향을 주고 있는지를 보여 준다. 비록 선택적 함묵증 아동들이 공통적인 뭔가를 가지고 있다고 할지라도, 각 아동들의 고유한 특성과 경험들은 각기 다른 어려움들을 만들어 낸다. 다음 장에서 우리는 당신이 더 잘 이해할 수 있도록 도와주는 일반적 정보를 공유하고, 아이가 이와 같이 종종 잘못 이해되는 상황을 극복할 수 있도록 도와줄 것이다.

1. 선택적 함묵증은 무엇인가

이 장의 목표

- 선택적 함묵증의 몇 가지 일반적 특징
- 선택적 함묵증의 시작 시기
- 얼마나 선택적 함묵증이 일반적인가
- 선택적 함묵증 아동들이 얼마나 또래들과 잘 지낼 수 있는가
- 선택적 함묵증이 아동들의 학업 성취도에 어떠한 영향을 미치는가
- 선택적 함묵증이 아동들의 자존감에 영향을 미치는가
- 선택적 함묵증이 얼마나 오래 지속되는가
- 선택적 함묵증과 관련된 몇 가지 어려움

선택적 함묵증의 일반적 특징

선택적 함묵증 아동들은 특정한 상황에서 말을 하지 않는다. 선택적 함묵증 아동들은 대개 집에서는 편하게 이야기하지만 학교에서는 자유롭게 이야기하지 못한다. 많은 부모들은 아동을 학교에서 행동하는 방식과 비교하여 "완전히 다른 아이"라고 묘사한다. 아마 당신의 아이도 엄마가 묘사하는 것처럼 학교에서는 매우 조용하지만 집에서는 수다스러운 사라와 비슷할 것이다. 일부 부모들은 심지어 아이가 집에서는 조금 덜 말했으면 한다고 얘기하기도 하는데, 선택적 함묵증 아동들의 선생님들이 이를 상상하기란 쉽지 않다.

선택적 함묵증 아동들은 대개 집이나 다른 가족 환경에서는 편안하게 일반적인 목소리로 이야기하지만, 교사들, 다른 학생들, 교장선생님 또는 학교 직원들에게는 종종 이야기하지 않는다. 또한 선택적 함묵증 아동들은 대개 그러한 상태가 처음 나타난 시점에 학교에서는 어느 누구와도 얘기하지 않는 일정한 기간을 거친다. 말하기를 요구 받으면 종종 아래를 내려다보거나 부끄러워하거나 불안한 모습을 보이기도 한다.

서론에서 언급된 사라와 피터처럼 선택적 함묵증 아동들은 종종 같은 반 친구들과 말을 하지 않고 의사소통을 한다. 그들은 제스처, 가리키기 및 고개 끄덕이기 등을 사용해서 의사를 교환하지만 웃음과 같이 들을 수 있는 소리를 내지는 않는다. 부모들과 교사들에 따르면 선택적 함묵증 아동들은 자신들의 희망과 욕구를 말하지 않고 전달하는 데 매우 능숙하다는 것을 알 수 있다.

특별한 공포증, 선택적 함묵증

많은 전문가들은 선택적 함묵증 아동들은 특정 공포증을 가지고 있다고 믿고 있다. 특정 공포증은 일정한 상황, 사물의 존재 또는 예상과 결부된 과도한 공포를 말한다. 선택적 함묵증의 경우, 아동은 특정한 상황에서 자신이 말하고 있는 것이 남에게 보이거나 남이 듣는 것에 대한 특별한 공포를 가지고 있다. 이러한 특정 공포증은 사실 고도, 물, 뱀, 거미 또는 낯선 사람에 대한 공포처럼 다른 종류의 공포와 많은 공통점을 가지고 있다. 연구에 따르면, 우리는 모두 생리학적으로 일정한 방어 가치(protective value)를 지닌 공포를 습득할 수 있다고 한다(Hofmann, Moscovitch, & Heinrichs, 2003). 잠재적으로 위협적이거나 위험하다고 인식되는 상황에서 조심스러워하는 것은 당연하다. 선택적 함묵증 아동에게는 낯선 사람들이 있는 학교나 어린이집과 같은 생소한 공간에 들어가는 것이 두렵거나 위험하다고 느낄 수 있다. 다른 연구에 의하면 선택적 함묵증이 전형적으로 발생하는 비슷한 연령대인 취학 전 아동들에게 특정한 공포증은 매우 일반적이라고 지적하고 있다(Ollendick, King, & Muris, 2002). 이러한 사고의 연장선상에서, 선택적 함묵증은 우리가 제2장에서 보다 상세히 살펴볼 다양한 요소들에 대한 반응으로 나타나는 특정 형태의 공포라고 간주될 수 있는 것이다.

장소, 사람 및 행동의 중요성

이 시점에서 당신은 왜 아이가 일정한 상황과 일부 사람들에게 말할 수 있음에도 다른 상황이나 사람들에게는 그렇지 못한지 궁금할 것이다.

선택적 함묵증 아동들이 말하거나 말하지 않고 참여할 수 있는지 여부는 그 주변상황과 아동의 안정 수준에 따라 종종 달라진다. 주변상황에 관계된 사람들이나 일어나는 행동과 같은 것도 그 차이를 만드는 요소에 포함된다. 장소, 사람 및 행동의 세 가지 요소에 따라 선택적 함묵증 아동들이 보여 주는, 더욱 일반적인 말하기 패턴을 생각해 보자. 다음 항목을 읽으면서 각각의 요소가 어떻게 당신의 아이에게 적용되는지 생각해 보기 바란다.

장소 ● 연구에 따르면 선택적 함묵증 아동들은 대개 집에서는 말하기 좋아하고 집 밖(가령 식료품 가게)에서는 말하기를 꺼리며 학교에서는 거의 말하지 않는다(Black & Uhde 1995; Cunningham et al., 2004). 다양한 이유로 인해 학교 공간은 아동들에게 불안을 더욱 증폭시킨다. 많은 아동들이 적어도 학교에 처음 적응할 때 많은 어려움을 겪고 있다는 점을 고려하고 아동들이 부끄러워하며 말하는 데 어려움을 겪는다는 점을 추가로 생각해 보면 학교에 가는 것이 얼마나 긴장되는 경험인지를 이해하는 것은 그리 어렵지 않다. 임상적 사례에서 아침에 아이를 학교에 보내는 데 상당한 어려움을 겪고 있는 부모들을 종종 보게 된다. 일부 부모들은 자기 아이가 매우 조용한 아이인데도 학교를 빼먹고 놀기를 좋아한다고 말하기도 한다. 당신의 아이는 학교 공간에 대해 어떻게 반응하는가?

많은 선택적 함묵증 아동들은 학교 공간 내에서도 자신들이 말해야 하는 다양한 상황에 대해 매우 민감하다. 우리의 임상 경험에 따르면, 선택적 함묵증 아동들은 대개 더 사적이고 시각적으로 교실과는 다른, 말해야 한다는 압박감이 없는 학교 상황에서 처음으로 말하게 된다. 예를 들어, 선택적 함묵증 아동들은 종종 교실보다는 운동장이나 체육관(몇 마디 말을 하기에 충분해 보이는)에서 더 편안하게 느낀다. 서론 부분의 사례에서, 사라는 다른 아동들이나 교사들에게 들리지 않는 운동장에서만 같은 반 친구에게 이야기하고 교실이나 복도에서는 이야기하지 않는다. 이와 유사하게 교실 안에도 보다 덜 불안을 조성하는 공간이 있을 수 있다. 따라서 사라가 학교에서 보다 편안하게 이야기하게 되면, 그녀는 교사 책상이나 교실 앞에서 친구와 이야기하기 전에 교실 뒤의 구석진 조용한 곳에서 친구와 이야기를 시작하게 될 것이다.

사람 ● 선택적 함묵증 아동들은 대개 어른보다는 다른 아동들에게 말할 가능성이 높다. 이는 사라의 사례에서 다시 설명된다. 반면 매우 드문 경우지만 일부 선택적 함묵증 아동들은 어른에게 먼저 말한다. 이는 피터에게 해당되는 것인데, 피터는 자신의 성적이 향상된다면 선생님들과 일대일로 대화를 하게 될 것이다. 피터에게는 선생님의 평가와 같은 특정 상황하에서는 뛰어난 성적을 받고자 하는 욕구가 남에게 말하는 것이 보이고 남이 듣게 되는 공포를 뛰어넘는 것처럼 보인다.

가족 및 친구들 선택적 함묵증 아동들은 이웃, 친척 또는 잘 알지 못하는 어른들과 얘기하는 데 어려움을 느낄 수 있다. 일부 아동들은 할머니나 할아버지 또는 다른 가까운 가족 구성원들에게도 한마디 말도 하지 않아 부모들을 당황하게 만드는 경우가 있다. 또한 이런 아동들이 보모들과 속삭이는 것은 매우 드물고 가족 주치의나 치과의사가 간단한 대화를 하고자 하는 경우에는 그저 입을 다물어 버린다. 반면 일부 선택적 함묵증 아동들은 일반 공공장소에서 낯선 사람들과 얘기하는 데 전혀 어려움이 없다. 이런 아동들의 경우, 말하는 것이 남에게 보이고 남이 듣는 것에 대한 공포는 자신의 함묵증을 아는 사람들이 결부된 상황이나 학교와 같이 매우 특정한 상황에 국한된다.

낯선 사람들 학교 상황하에서 종종 낯선 사람들은 아동이 크게 말하는 것을 가장 먼저 들을 수 있게 된다. 우리는 아동이 학교에서 새로운 선생님이나 부모 자원봉사자에게 처음으로 말하는 것을 발견하고 놀라는 부모들에 대한 얘기를 많이 들어 왔다. 담임교사나 학교 직원 또는 급우들과의 친밀함에도 불구하고 불안에 기초한 행동 패턴(anxiety-based behavioral pattern)이 선택적 함묵증 아동과 이러한 개인들 간에 발달하게 된다.

만약 아이가 특정의 사람과 이야기하는 것을 불안해하는 경우, 그 아동은 장래에 비슷한 사람과 말하는 것을 불안해할 가능성이 높다. 예를 들어, 우리는 선택적 함묵증을 극복했지만 수년 뒤에도 여전히 너무 불안해서 예전 선생님과 이야기하지 못하는 아동들에 대해 알고 있다. 이는 말하지 않는 기존의 패턴과 선생님과 이야기할 때의 불안한 경험이 변하지 않고 남아 있는 것이라고 볼 수 있다. 아이가 이야기할 때 나타나는 불안의 정도가 개입되는 사람에 따라 달라지는가?

선생님들 대부분의 경우, 선생님은 선택적 함묵증 아동들이 마지막으로 말을 하게 되는 대상이다. 선생님에 대한 아동의 반응은 선생님의 성격이나 수업 방식보다는 그 선생님이 어떠한 권한을 행사하는지, 예를 들어 선생님이 아동의 활동을 평가할 수 있는 권한(대부분의 경우 구술 표현을 통한)이 있는지와 관련이 있다. 장소와 관련해서는, 많은 아동들이 연관된 사람들이나 그들과의 관계의 미묘한 차이에도 민감하게 반응한다. 예를 들어, 그러한 아동들은 담임교사에게 얘기하는 위험을 감수하기 전에 보조 교사 또는 도서관 사서에게 먼저 얘기할 수 있다.

활동 ● 과학자들은 아직 선택적 함묵증 아동들이 가장 불안을 덜 느끼는 활동들의 유형에 대해 검토하지 않았지만, 우리의 임상적 경험은 일정한 가능성을 제기하고 있다. 우선 선택적 함묵증 아동들은 과거에 자신이 말하는 경향을 가진 활동 속에서 더욱 말을 잘하는 것처럼 보인다. 그래서 당신은 아이로 하여금 이러한 활동들에 참여하게끔 할 수 있다(예를 들어, 아이가 카드 게임을 하면서 수다스러워지는 경우 아동에게 올드 메이드[Old Maid] 카드게임이나 그와 유사한 게임을 하게 하라). 또한 아동을 위한 활동을 고려할 때, 그 활동이 얼마나 많은 말하기를 요구하는지를 따져 보라. 만약 당신의 목표가 말하기를 촉진시키는 것이라면 비디오 게임이나 조용한 독서와 같이 말하기를 많이 수반하지 않는 활동들은 좋은 선택이 될 수 없다.

아이를 위한 활동을 선택함에 있어 또 하나 고려해야 할 것은 그 활동이 얼마나 아동에게 편안하고 즐거운 것인가 하는 점이다. 좋아하는 보드게임도 좋은 선택이 될 수 있다. 어쩌면 아이는 사랑하는 인형을 갖고 가장 놀이(pretend play)를 하는 것을 더 좋아할 수도 있다. 즐겁거나 편안하게 느낄 때 말하기에 대해 보다 덜 의식하기 때문에 아이가 더욱 즐거워하거나 웃을 수 있는 활동을 생각해 보라. 종종 신체적 또는 운동과 관련된 활동을 좋아하는 아동들은 집에서 가만히 앉아 있을 때보다 밖에서 뛰어다닐 때 더 쉽게 말을 하게 된다고 보고되고 있다. 독서, 작문 완성하기 등과 같이 학교 숙제와 유사하거나 체계화된 활동들은 초기 단계에 편안하게 말하는 것을 촉진시키는 데 별로 도움이 되지 않는다.

말하는 공포 그 이상

많은 선택적 함묵증 아동들은 학교와 같은 공간에서 말하기를 억제하는 것뿐만 아니라 다른 방식으로도 억제된다. 아마 당신의 아이는 단체활동, 팀 운동 또는 자유놀이 하는 것을 주저하고 바깥에서 구경하는 것을 더 좋아하는 경향을 가지고 있을 것이다. 일부의 부모와 선생님들은 사회적 상호작용에 열정적이고 흥미를 가지고 있는 관찰자이지만 참여하는 데에는 소극적인 아동들을 목격할 수 있다. 일부 아동들은 신체적 활동이 정지되거나 발걸음이 얼어붙어 버리기도 한다. 심지어 그 활동들이 집이나 친한 이웃 친구들과 하는 가장 좋아하는 것일지라도 참여하기를 거부하기도 한다. 소수의 아동들은 신체적으로 너무 억압되고 자의식이 강해 타인의 면전에서 먹기를 거부하거나 학교에서 화장실을 사용하지 않기도 한다. 이러한 경우가 당신 아이에게는 부합되지 않을 수도 있다. 혹은 말하기가 강요되지 않는 한 아이가 학교생활에 편안함을 느끼는 것처럼 보일 수 있다. 억압의 정도는 말하기가 강요되는 상황뿐만 아니라 말하기가 강요되지 않는 활동에서도 매우 다양하게 나타난다.

대화의 단계

아동들 간의 말하기 패턴의 차이에도 불구하고, 각각의 선택적 함묵증 아동들에게는 대개 아동이 점점 더 말하는 것을 불편해하는 상황에 대한 확실한 단계나 위계가 존재한다. 이 위계는 아동이 현재 자연스럽게 얘기하는 상황과 말할 준비가 되어 있지 않은 상황에 걸쳐 존재한다.

표 1은 선택적 함묵증 아동들에게 나타나는 말하기 경향의 단계를 보여 주고 있다. 물론 엄격한 규칙이 있는 것은 아니다. 똑같은 아동들은 없으며 따라서 정확하게 동일한 방향 및 속도로 진행하는 선택적 함묵증 아동들이 있을 수는 없다. 그럼에도 불구하고 표 1의 10단계는 많은 아동들이 불안을 야기하는 환경(anxiety-provoking settings)에서 말하는 어려움을 극복해 가는 방법을 설명해 주고 있다.

당신은 아이가 현재 함께 얘기하는 사람과 장소 및 그로 하여금 가장 자주 말하도록 촉진하는 활동을 확인해야 한다. 이에 대한 모든 정보를 함께 수집하면, 당신은 아이가 보다 편안하게 말할 수 있도록 하는 단계를 거칠게나마 정리하는 '사다리(ladder)'를 발전시킬 수 있을 것이다. 당신은 아이가 현재의 단계 또는 안정 수준을 넘어서 이야기하도록 요구 당하는 것을 얼마나 싫어하는지 쉽게 목격할 수 있을 것이다. 제7장에서는 보다 편안하게 말하기를 위한 진전(progress)을 위해 아이가 취할 수 있는 조치들을 확인할 수 있는 기회를 얻게 될 것이다.

연습 1.1 아이의 사다리 단계 확인하기

지금 약간의 시간을 들여 아이가 각각의 단계에 언제 도달했는지 생각

표 1 학교에서의 말하기에 관한 안정적 발달 단계

단계	설명	도달한 연령
1. 학교에서의 완전한 함묵	• 아동이 집에서는 이야기하지만 학교에서는 침묵함. • 학교에서 불안해 보이고 학교 가기를 거부하기도 함.	
2. 안정된 비언어적 참여	• 아동이 집에서는 이야기하지만 학교에서는 침묵함. • 비언어적 학급활동에 긴장을 풀고 참여하기 시작함. • 학교에 대해 긍정적으로 이야기하기도 함.	
3. 학교에서 부모에게 이야기하기	• 다른 학생들이나 선생님이 보거나 들을 수 없는 장소에서 부모에게 종종 속삭이는 목소리로 말함.	
4. 친구들이 보는 가운데서 말하기	• 학교에서 자주 부모에게 말하기. • 친구들은 아동이 말하는 것을 보기는 하지만 대개 관찰자들이 들을 수 없는 작은 목소리로 얘기하므로 아동이 말하는 것을 들을 수는 없음.	
5. 친구들이 듣는 가운데서 말하기	• 학교에서 부모에게 남들이 들을 수 있는 목소리로 말하기. • 다른 아동들이 아동이 말하는 것을 보고 들을 수 있음. • 다른 아동들이나 선생님에게 직접 말하지는 않음.	
6. 부모를 통해 친구에게 말하기	• 부모에게 말하여 가까이 앉은 학급 친구에게 말 전달하기. • 친구는 아동이 말하는 것을 들을 수 있고 직접 대답함.	
7. 친구에게 말하기	• 종종 학교 운동장에서 한 친구에게 말하기. • 선생님에게는 말하지 않음.	
8. 몇몇 친구에게 말하기	• 학교에서 몇몇 친구들에게 말하기. • 선생님에게는 말하지 않음.	
9. 선생님에게 말하기	• 선생님에게 말하기 시작하고 몇몇 친구들에게 말함.	
10. 정상적 말하기	• 대부분의 어른들과 친구들에게 정상적인 목소리로 이야기함.	

해 보자. 몇 살 때였으며 몇 학년이었는지, 아이의 현재 단계는 무엇인지, 당신이 관찰한 내용을 이 책과 관련된 작업을 위한 용도만으로 보관할 노트에 기록한다.

선택적 함묵증 아동들이 편안하게 말할 수 있기까지 표 1의 단계를 매우 천천히 거치게 된다는 점을 명심하자. 이 시점에 있어서 대부분의 부모들은 아이가 1~2단계에 있다는 사실을 발견하게 될 것이다. 만약 아이가 선택적 함묵증을 어느 정도 극복해 나가고 있다면, 당신은 아이가 좀 더 나아간 3~4 또는 5단계 정도에 있음을 알게 될 것이다. 아이가 다음 단계로 나아가기 위해 무엇이 필요한지를 알기 위해 현재 아이가 사다리의 어느 단계에 있는지를 파악하는 것은 매우 중요하다. 이 책의 제4~9장까지 당신이 알게 될 많은 전략들은 아이의 현재 단계와 무관하게 도움을 줄 것이다. 당신이 이 책을 읽어 가면서 쉽게 참고하기 위해 이 표의 페이지를 노트에 표시해 두면 좋을 것이다. 우리는 아이가 당신의 도움으로 진전되어 나갈 때 당신의 단계 표로 돌아와 아이의 새로운 성취를 추가해 가기를 권한다.

언제 선택적 함묵증이 시작되는가

우리가 만나는 내담자들의 배경 정보를 수집함에 있어 우리는 일상적으로 부모에게 아동이 언제 선택적으로 말하기 시작했는지를 묻는다. 그들은 전형적으로 아이가 항상 그런 식이었다고 대답한다. 연구 결과도 이를 뒷받침한다. 선택적 함묵증은 대개 아동이 2~5세 때에 발생한다

(Black & Uhde 1995; Cunningham et al., 2004). 그러나 진단이나 치료는 아동이 6세 내지 8세가 되어서야 이루어진다(Remschmidt et al., 2001). 그렇다면 이러한 지연은 무엇 때문인가? 하나의 이유는 부모나 전문가들이 선택적 함묵증과 일반적으로 과도한 수줍음을 구별하기 어렵다는 점이다. 이 때문에 많은 부모들과 전문가들이 선택적 함묵증 아동들을 단순히 수줍음을 타는 아동으로 간주하고 그들의 말하기 주저함을 성장 단계의 하나로 파악한다. 또한 많은 취학 전 선택적 함묵증 아동들은 집에서 친밀한 사람들과 얘기하는 것을 편안하게 느낀다. 따라서 그들이 익숙하지 않은 환경에서 말하는 것을 불편해하는 것은 유치원이나 학교에 가는 첫날까지 그리 주목 받지 못한다.

학교에서 말하기를 주저하는 많은 수의 아동들이 유치원이나 1학년 때 선택적 함묵증을 가진 것으로 분명하게 확인되지만, 상당수의 아동은 그렇지 못하다. 수줍음을 종종 타는 아동들은 새로운 학교 환경에 적응해야 하기 때문에 취학은 적응의 시간이다. 많은 부모들과 전문가들이 아이가 함묵증을 극복할 것이라고 기대한다. 많은 아동들이 학교생활에 적응하게 된 이후에는 편안하게 말하기 시작하기 때문에 이러한 가정이 합리적이지 않은 것은 아니다. 하지만 불행하게도 몇몇 아동들은 같은 반 아동들이 적응을 마친 한참 뒤에도 여전히 침묵을 지킨다.

선택적 함묵증은 얼마나 보편적인가

당신이 이 책을 선택하거나 전문가와 얘기하기 전까지 '선택적 함묵증' 이라는 단어는 매우 생소했을 것이다. 만약 그러하더라도 당신은 혼자가 아니다. 대부분의 부모들이 이에 대해 들어본 바가 없고, 많은 부모들이 아이가 이러한 증상을 가지고 있는 유일한 아이인지 의문을 갖게 된다. 당신의 아이만이 말하는 것이 남에게 보이거나 남이 듣는 것을 두려워하는 유일한 아동이 아니니 안심하기 바란다. 초기에 선택적 함묵증은 매우 드문 것으로 여겨졌으나 최근의 연구에 따르면 초기 초등학교 아동들 중 2%에게 이러한 증상이 나타나는 것으로 드러났다(Kumpulainen et al., 1998). 선택적 함묵증이 주의력결핍 과잉행동장애(ADHD)나 학습장애와 같이 보편적이지 않은 것만은 확실하지만, 위와 같은 숫자들은 상당수의 아동들이 선택적 함묵증에 의해 영향을 받고 있음을 나타낸다. 이러한 증상은 남아보다 여아에게서 1.5~2배 많이 발생하는 것처럼 보인다(Steinhausen & Juzi, 1996).

다른 아동들은 선택적 함묵증 아동들에게 어떻게 대응하는가

선택적 함묵증 아동들은 대개 이웃 또래나 종종 같은 반 친구들과 교제를 해 나간다. 질문에 대답도 하지 않고 불평도 하지 않으며 농담에 웃지도 않는 사람과 친구가 되는 것을 상상하기 힘든 우리 어른들에게 이러한 교제는 매우 놀라운 것일 수 있다. 하지만 어린 아동들은 말하지 않고도 편안하게 상호작용할 수 있는 것처럼 보이고 심지어 자신에게 한 번도 말하지 않는 또래와도 교제할 수 있는 것처럼 보인다. 사라의 경우와 같이, 선택적 함묵증 아동들은 대개 친구들로부터 환영 받는다.

선택적 함묵증 아동들이 적어도 소그룹의 친구들과 교우관계를 형성한다는 사실은 매우 중요하다. 왜냐하면 이는 그들의 사회성 발달의 일정한 측면이 정상적임을 나타내고 전형적인 아동들과 마찬가지로 그들에게도 교우관계가 발달에 중요하다는 점을 의미하기 때문이다. 피터와 같이 선택적 함묵증 아동들은 친구들과 보내는 시간이 적고 따라서 편안하게 말하고 사회성 훈련을 할 수 있는 기회가 적은 것이다.

교실에서 급우들이 선택적 함묵증 아동을 변호하는 것을 보는 것은 그리 어려운 일이 아니다. 어떤 친구들은 자신을 대변인으로 자처하고 그 아동을 위해 말해 주거나 새로 온 학생들에게 그 아동이 말하지 않는다는 사실도 알려 준다. 일부 친구들, 특히 저학년들은 선택적 함묵증 아동들을 먹여 주거나 돌봐주는 역할까지 하기도 한다.

일부 부모들은 아이가 놀림을 당하거나 왕따를 당하지는 않을까 걱정한다. 수줍음을 타는 아이들이 또래들에 의해 희생양이 될 위험이 높다는 연구 결과를 고려할 때(Boivin, Hyrrel, & Bukowski, 1995), 이러한 걱정은 이해될 수 있다. 하지만 이 문제에 관한 일부 연구는 선택적 함묵증 아동들이 다른 또래에 비해 놀림이나 왕따를 당할 가능성이 높지 않다는 것을 보여 준다(Cunningham et al., 2004). 선택적 함묵증 아동 중 단지 5% 정도만이 또래들에 의해 놀림을 받고 있음에 반해(Kumpulainen et al., 1998) 미국 초등학교 학생 중 19%가 놀림을 받고 있다(Pellegrini, Bartini, & Brooks, 2001). 이러한 결과에 관해 놀라움을 금치 못하겠지만 아이는 아무 말도 하지 않음으로써 친구들을 화나게 하는 말을 하는 위험을 안고 있지는 않는다는 점을 상기하기 바란다. 또한 선택적 함묵증 아동들은 또래들에 의해 희생양이 되는 아동들에게 종종 발견되는 분열적 행동들(disruptive behavior)을 보이지 않는다.

그러나 이것으로 선택적 함묵증 아동들이 모든 사회적 환경에 충분한 능력을 가지고 있다고 말할 수는 없다. 일정한 환경에서 말을 하지 않는 아동의 부모로서 당신은 직접적인 체험을 통해 아이가 자신의 욕구와 희망을 알리는 것이 얼마나 힘든 싸움인지 알고 있을 것이다. 최근의 한 연구에 따르면, 부모와 교사들은 선택적 함묵증 아동들이 말을 해야 하는 상황 속에서 자신의 또래보다 자신감이 더 적다고 한다(Cunningham et al., 2004). 당연히 그들은 그룹에 참여하거나 자신을 소개하거나 대화를 시작하거나 친구들을 집으로 초대하는 것을 더 꺼린다.

연습 1.2 학교 친구들이 아이를 어떻게 대하는가

아이나 학교 직원으로부터 들었거나 다른 아이들이 당신의 아이와 어떻게 지내는지 생각해 보자.

- 아이는 학교에서 한 명 또는 두 명의 절친한 친구가 있는가.
- 아이를 돌보아 주는 같은 반 친구가 적어도 한 명 있는가.
- 일반적으로 아이가 또래 친구들과 놀이하는 데 참여하는가.
- 아이가 스스로를 소개하거나 대화를 시작하거나 놀기 위해 친구를 집으로 데려오는가.
- 현재까지 아이가 놀림이나 왕따를 당한 적이 있는가.
- 아이가 학교에서 다른 아동들과 어울리는 데 특별한 문제가 있는가.

• 다른 아동들이 아이가 말해야 하는 상황에서 도와주는가.

후반부에서 우리는 아이에게 도전이 되는 사회적 환경에서 보다 편안하고 능숙하게 될 수 있도록 도와주는 몇 가지 구체적인 것들을 소개시켜 줄 것이다.

선택적 함묵증 아동들의 학업 성취도는 어떠한가

선택적 함묵증이 반드시 학습 발달을 방해하는 것은 아니다. 저학년에서는 선택적 함묵증 아동들도 대개 자신들의 지적 능력에 기초하여 기대되는 수준으로 읽기, 산수 및 쓰기와 같은 언어 기술을 습득한다. 부모 및 교직원들의 걱정에도 불구하고 학습 발달은 아동이 일정한 학교 공간에서 말하는 데 어려움을 가지고 있다는 사실에 방해받지 않는 것으로 보인다. 실제로, 우리의 연구에 따르면 선택적 함묵증 아동들이 집에서 산수와 읽기 능력을 테스트 받았을 때 전형적인 아동들과 차이가 나지 않는 것으로 나타났다(Cunningham et al., 2004). 그리고 우리는 선택적 함묵증을 가졌지만 전국 최고의 읽기상을 수상한 아이도 알고 있다. 그러나 지속적인 선택적 함묵증이 나이가 많은 아동들의 학업 성취에 어떤 영향을 미치는지는 잘 알려져 있지 않다.

일부 부모들은 교실에서 비언어적 의사소통이 가지는 중요한 역할에도 불구하고, 선택적 함묵증 아동들이 어떻게 높은 학업 성취를 보일 수 있는지 궁금해할 수 있을 것이다. 연구에 따르면 일정한 요소들이 선택적 함묵증 아동의 학습 어려움을 덜어 주는 것으로 나타났다. 선택적 함묵증 아동들은 학업 성취에 필수적인 다양한 비언어적 활동(예를 들어, 지시에 주목하기, 지시를 따르기, 활동들을 전환하기, 과제를 정시에 끝내기, 올바른 결과물 산출하기, 도움을 기다리기 및 또래의 방해를 무시하기 등)에 있어 다른 학급 친구들과 같은 능력을 보인다. 선택적 함묵증 아동들은 종종 학습의 어려움을 초래하는 과도한 행동을 다른 급우들보다 적게 나타낸다. 무엇보다도 이러한 요소들이 선택적 함묵증 아동들로 하여금 교실에서 말하지 않고서도 자신들의 능력을 발휘할 수 있게 도와주는 것이다(Cunningham et al., 2004).

이 모든 것에도 불구하고 선택적 함묵증은 교육자들이 아동의 지식과 학습을 평가하기 어렵게 만들 수 있다. 교사들은 특히 언어나 읽기와 같은 영역에서 이러한 아동들의 학습 능력을 어떻게 평가해야 하는지 의문을 가지고 있다. 일부 부모들은 교실에서 말하지 않는 아동이 가지는 능력을 교사들이 과소평가할 수 있음을 걱정한다. 만약 교사들이 읽기와 발표와 같이 구술 의사소통이 필요한 영역에서 아이의 능력을 평가하는 데 어려움을 겪고 있다면 제10장에서 제시하는 몇 가지 창의적인 방법을 고려해 보기 바란다.

선택적 함묵증은 아이의 자존감에 영향을 미치는가

매우 일반적이고 또 충분히 이해할 수 있는 부모들의 걱정 중 하나는 선택적 함묵증이 아이의 자존감에 영향을 미치는지 여부이다. 어떤 부모들은 아이가 선택적 함묵증 때문에 스스로를 하찮게 여기지 않을까 걱정한다. 당신도 아이가 함묵증으로 인해 자신감이 부족하다고 느끼는가?

현재까지 어떠한 연구 결과도 선택적 함묵증 아동들이 다른 또래에 비해 낮은 자존감을 가지고 있다고 보고된 바는 없으니 안심하기 바란다. 하지만 아이의 생각을 관찰하고 또 그의 강점과 특별한 능력에 대해 긍정적인 평가를 해 주는 것은 매우 중요하다. 아이가 특정 상황 속에서 말하는 어려움이 있음을 고려할 때, 다른 영역에 있어서도 아이의 능숙함과 능력을 북돋워 줄 필요가 있다. 이 책 전반을 통해 아이가 자신감을 보다 많이 가지고 또 능숙해질 수 있도록 도와줄 수 있는 방법이 소개될 것이다.

선택적 함묵증은 얼마나 오래 지속되는가

선택적 함묵증은 아동에 따라 매우 다양하게 나타난다. 어떤 아동들은 학교나 유치원 첫날에 말하기를 주저하다가도 특별한 도움 없이 그 해에 편안하게 말할 수 있게 되기도 한다. 다른 아동들은 첫 해를 넘겨서도 계속해서 어려움을 느끼기도 한다. 이 책에서 당신이 보게 될 것과 같은 효과적인 전략을 통해 일정한 아동들은 1~2년 내에 선택적 함묵증을 극복할 수 있게 되기도 한다. 지속적인 선택적 함묵증은 그리 흔치 않지만, 효과적인 개입이 없는 경우에는 초등학교, 중학교나 어떤 경우에는 고등학교 때까지 지속되기도 한다. 관건은 얼마나 일찍 개입을 하느냐인데, 아이가 말하는 두려움을 극복하도록 도움을 빨리 받을 수록 더 좋은 결과를 가져올 것이다.

대부분의 선택적 함묵증 아동들이 불안을 극복하는 방법을 알게 되고 더 다양한 상황 속에서 말하기 시작하게 됨에도 불구하고, 상당수는 사회적 환경에서 말하는 것을 계속해서 수줍어하거나 불안해한다. 몇몇 연구에 따르면 선택적 함묵증이 청소년기나 성년기까지 계속된다고 한다. 이 연구는 선택적 함묵증과 관련된 치료를 받고 성장한 아동 중 절반 정도에 해당하는 청소년과 성인은 현재 아무런 어려움이 없는 것으로 보고하였다. 나머지 절반은 스스로를 자신감이 없다거나 독립적이지 않다거나 선택적 함묵증을 겪지 않은 다른 또래들보다 덜 성숙하다고 느끼는 것으로 조사되었다(Remschmidt et al., 2001).

선택적 함묵증은 어떠한 다른 어려움을 수반하는가

당신이 선택적 함묵증에 관한 몇몇 문헌을 읽어 보았다면, 아마 선택적 함묵증은 종종 많은 정서적 · 행동적 문제점을 수반하게 된다고 알고 있을 것이다. 여기에서 우리는 기타 불안과 관련된 문제, 학교 화장실을 사용하기 싫어하는 것과 반항적 행동 등을 포함한 가장 일반적으로 언급되는 문제점에 관한 과학적인 증거를 간단하게 고찰해 볼 것이다. 이 항목을 읽는 동안에 당신은 아이가 이러한 문제점을 가지고 있지 않은지 생각해 보기 바란다.

기타 불안 관련 문제

많은 선택적 함묵증 아동들은 말하기가 수반되는 상황뿐만 아니라 다른 환경에서도 두려워하거나 불안해하게 된다. 많은 연구들에서 선택적 함묵증 아동들이 또래 아동들에 비해 더 불안해하고(Dummit et al., 1997) 선택적 함묵증 아동들에게 더 높은 불안장애가 발생하는 것처럼 보인다. 실제로 대부분의 선택적 함묵증 아동들은 적어도 하나의 불안 관련 문제로 진단 받고 있다고 보고되고 있다(Bergman, Piacentini, & McCraken, 2002). 가장 대표적인 것으로 사회 공포증, 분리 불안장애 및 결벽 또는 강박 성향 등을 들 수 있다.

사회 공포증

사회 공포증은 선택적 함묵증 아동들에게 나타나는 심리적 문제들 중 가장 흔한 증상이다. 사회 공포증을 보이는 아동들은 타인에 의한 부정적 평가를 극도로 두려워하고 스스로를 당황하게 만드는 말이나 행동을 할까 봐 과도하게 걱정한다. 우리의 임상적 경험을 통해 본 상당수의 선택적 함묵증 아동들은 말하는 것뿐만 아니라 다른 방식에 있어서도 사회성이 떨어지고 억제되어 있다. 앞서 언급한 바와 같이, 어떤 아동들은 친구들과 놀기를 꺼리고 다른 사람들 앞에서 먹는 것도 거부하며 심지어 공중화장실을 사용하지 않으려 하기도 한다. 스스로를 창피하게 만들 수 있다는 공포가 이들로 하여금 소수의 매우 친한, 그래서 안전한 개인들을 뛰어넘어 세상과 사회적으로 교류하는 것을 방해하는 것이다.

일부 연구에 의하면 선택적 함묵증 아동들의 상당수가 사회 공포증을 가지고 있다고 한다(Black & Uhde 1995; Dummit et al., 1997). 하지만 또 다른 연구에 의하면 사회 공포증 아동들은 대체로 선택적 함묵증의 특징을 가지고 있지 않다. 이 두 조건들이 어떻게 관련되어 있는지는 아직 명확하게 규명되지 않았다. 그것들 간에 중복되는 측면이 실제로 존재하지만 중요한 차이 또한 존재한다. 예를 들어, 앞서 언급한 것처럼 선택적 함묵증은 2살에서 4살 사이에서 처음 나타나는 경향이 있는데, 사회 공포증은 11살이나 12살이 되어서야 처음으로 나타난다. 마찬가지로 선택적 함묵증 아동들은 비언어적 방법으로 자유롭게 대화할 수 있지만 모든 사회적 교류를 불안해하는 사회 공포증 아동들은 그렇지 못하다.

이 점을 기억하기 바란다. 아이의 불안함은 말하는 공포로 한정될 수 있을 뿐, 말하지 않을 수 있다면 다른 사람들과 편안하게 시간을 보낼 수도 있다. 그러나 말하는 것이 요구되지 않는 상황임에도 다른 사람들과 있는 사회적 환경을 불안해할 수도 있다. 이 때문에 아이가 사회적 환경을 일반적으로 불안해하는지 파악하기 위해서 또래 아이들과 교제할 때 어느 정도 편안해하는지 관찰하는 것이 중요하다.

분리 불안장애

선택적 함묵증 아동들의 일부 부모들은 아이가 잠시라도 부모와 떨어지게 되는 것을 불안해한다고 설명한다. 이는 증거에 의해 뒷받침된다. 몇몇 연구에 따르면 상당수의 선택적 함묵증 아동들이 분리 불안 문제를 가지고 있는 것으로 드러났다. 일부 아동들은 학교에 가기 위해 부모와 떨어지는 것에 어려움을 가지고 있지만 일부는 부모와 다른 방에서 자는 것을 주저하거나 자기 또는 자기가 사랑하는 사람들에게 나쁜 일이 일어날 것을 걱정하는 것처럼 부가적인 문제를 보이기도 한다. 대략 선택적 함묵증 아동들의 20 내지 30%가 분리 불안장애 진단을 가진 것으로 보고될 만큼 분리 문제는 매우 중요하다.

결벽 또는 강박 성향

선택적 함묵증 아동들의 부모들은 그렇지 않은 아동들의 부모들보다 아이가 더 결벽적이거나 강박적이라고 판단한다고 보고되고 있다. 강박은 불안이나 근심과 관계 있는 지속적인 생각이나 관념을 말하는데, 사람으로 하여금 자신의 주위가 일정한 방식으로 정리되어 있어야 한다고 믿거나(가령 그들은 모든 물건이 일정한 장소에 놓여 있어야 한다는 것에 매우 까다롭다) 실수를 하는 것을 과도하게 걱정하게끔 만들기도 한다(가령 그들은 학교 숙제를 매우 꼼꼼하게 한다).

학교 화장실 사용에 대한 두려움

선택적 함묵증 아동들을 치료하는 과정에서 우리는 부모들이 종종 아이가 학교에서 화장실 가는 것을 주저한다고 말하는 것을 목격했다. 물론 이는 교사에게 요청하는 것에 대한 두려움과 관련되어 있는데, 화장실을 갈 수 있는 허락을 얻기 위해서는 종종 손을 들고 요청을 해야 하고 그 과정에서 다른 사람들의 주목을 받게 되기 때문이다. 이 각각의 단계는 선택적 함묵증 아동들에게는 불안을 매우 증폭시키는 상황이 될 수 있다. 우리는 종종 선택적 함묵증 아동들이 학교에서 하루 종일 화장실을 가지 않고 참고 있다가 집에 오자마자 화장실로 달려가는 경우가 있다고 부모와 교사들로부터 들었다. 이러한 상황 속에서 소변을 지리는 상황이 생길 수 있음은 쉽게 예상할 수 있다. 현재까지 선택적 함묵증 아동들이 공중화장실을 사용하는 것을 두려워하는 이유에 대해 명확하게 밝혀진 바는 없다. 이러한 아동들은 더 강한 사회 공포증을 겪고 있다고 볼 수도 있을 것이다. 앞에서 지적한 것처럼 많은 사회 공포증 아동들은 공중화장실을 사용하는 것을 꺼린다.

반항적 행동

일부 연구에 따르면 반항 행동도 선택적 함묵증 아동들에게 꽤 흔한 증상이다(Kristensen, 2001; Kumpulainen et al., 1998). 연구 대상 아동들의 부모들은 아이가 다른 아동들보다 더 고집이 세고, 반항적이고, 속임수도 많이 쓰며 까다롭다고 한다. 반면에 다른 연구에 의하면, 선택적 함묵증 아동들과 그렇지 않은 아동들 간에 아무런 행동적 차이점이 없다고 부모들에 의해 보고되기도 한다(Dummit et al., 1997). 흥미로운 것은 부모들이 아동이 집에서 반항적 행동을 보이고 있다고 보고하는 것보다 교사들이 아동이 학교에서 덜 반항적이라고 보고하고 있다는 점이다(Cunningham et al., 2004). 물론 이는 대부분의 선택적 함묵증 아동들이 학교에서 자유롭게 말하지 않는다는 점을 고려할 때, 교사들은 아동들이 집에서 하는 것보다 적게 언어적 반항 행동을 보게 되기 때문이기도 하다.

침묵의 반항을 접하게 되는 경우, 특히 교사들의 지시가 아동으로 하여금 말하기와 관련된 위험을 느끼게 하는 경우, 교사들은 아동들이 뒤꿈치로 바닥을 판다거나 교실 규칙을 지키지 않으면서 고집을 피운다고 설명한다. 하지만 이 분야의 많은 전문가들은 지시를 따르지 않거나 규칙을 지키지 않는 것은 선택적 함묵증 아동들로 하여금 두려운 환경을 회피할 수 있도록 도와주는 것에 기여할 수 있다고 보고 있다. 연구 결과는 이러한 관점을 뒷받침한다. 소수의 선택적 함묵증 아동만이 반항을 보이지만, 아동들은 불안이 없이는 이러한 행동을 보이지 않는다 (Dummit et al., 1997). 그들의 행동이 반항적이거나 고집스럽거나 꾀를 부리는 것처럼 보일지 모르지만, 이는 대부분 의도적인 불복종이라기보다 불안 때문이라는 것이 증거에 의해 뒷받침되고 있다.

연습 1.3 선택적 함묵증의 어떠한 특징들이 아이에게 적용되는가?

잠시 시간을 내어 이 장에서 설명되고 있는 선택적 함묵증의 일반적인 특징 및 그와 종종 관련되는 문제들을 살펴보기 바란다. 아이에게 어떠한 항목들이 적용될 수 있다고 생각하는가? 노트에 당신의 생각을 적어 보기 바란다.

- 특정 상황이나 특정 환경에서 말하기
- 일정한 상황에서 비언어적 의사소통에 의존하기(가리키기와 같은 행동)
- 종종 신체를 움직이지 않고 굳어(frozen) 있기
- 사회 공포증, 분리 불안, 결벽 및 강박 성향과 같은 불안 관련 증상을 보이기
- 학교 화장실 사용을 주저하기
- 고집스럽거나 반항적인 행동 보이기

2. 선택적 함묵증은 왜 발생하는가

이 장의 목표

- 선택적 함묵증의 유발에 기여하는 가능한 요소들
- 선택적 함묵증에 대한 일반적인 오해를 비판적으로 조사하는 법

선택적 함묵증을 유발하는 다섯 가지 요소

과학자들은 선택적 함묵증의 원인이 무엇인지 아직 잘 알지 못한다. 그러나 몇몇 요소들은 선택적 함묵증에 기여하거나 적어도 함께 발생되는 것으로 보인다.

- 수줍음이나 불안한 기질
- 수줍음이나 불안의 가족력
- 말하기나 언어적 어려움
- 새로운 문화에 대한 적응
- 학교 밖에서 급우들과 제한된 교제

이러한 요소들을 읽으면서 아이의 주변 환경에 관련되어 있는 요소에 대해 생각해 보기 바란다. 이 장의 마지막에서 당신은 아이와 관련된 요소들을 적은 노트를 꺼내야 할 것이다.

수줍음이나 불안한 기질

우리가 서론에서 얘기했던 피터처럼 많은 선택적 함묵증 아동들은 익숙하지 않는 환경에 서서히 적응하며 수줍음을 많이 탄다. 제1장에서 얘기한 것과 같이, 부모들은 종종 아동이 항상 수줍어했다고 말한다. 다음은 이러한 아동들과 관계되어 왔던 다른 일반적인 서술어이다. 민감하거나, 주저하거나, 소심하거나 그리고 겁을 먹거나(마지막은 특히 새로운 환경이나 새로운 사람과 직면했을 때) 등이 그것이다.

수줍음과 사회적 공포(제1장에서 보다 깊게 다루었던 것처럼)는 적어도 15세 이상의 선택적 함묵증 아동들에게 자주 보였다. 몇몇 과학자들은 선택적 함묵증을 사회적 불안으로부터 분리된 양상으로 생각해야 할지 말지에 대해 의문을 갖기 시작했다. 이러한 과학자들은 또한 아동의 사회적 불안의 가장 극심한 형태를 반영하는 것이 선택적 함묵증이라고 주장하면서(Dummit et al., 1997) 선택적 함묵증이 단순히 사회적 공포의 형태나 증상일지도 모른다고 믿는다. 이들은 선택적 함묵증 아동들이 사회적 상황에서 말하기가 요구될 때, 다른 아동들보다 더 불안하지만 적어도 몇 가지 단어는 말한다면서, 단지 정도의 문제라고 믿었다. 이 논쟁은 한동안 계속될 것이다. 그리고 만약 과학자들이 선택적 함묵증을 사회적 공포와 깊은 관계가 있음에도 그로부터 분리되어야 한다고 계속해서 생각한다면 확실히 보다 많은 연구가 필요하다. 매우 수줍음을 타고, 서서히 적응되는 아동은 학교에서 말하기를 요청 받을 때 당황할지도 모른다. 이러한 불안은 일반적으로 교실, 선생님, 학생 그리고 학교와 연결되어 있다. 이러한 불안과 상황을 조절하기 위해 아동들은 침묵을 사용한다. 당신은 선택적 함묵증에 대한 자료를 읽으면서 '행동적 억압(behavioral inhibition)' 이라는 용어를 발견할지도 모른다. 행동적으로 억압된 아동들은 그들이 제한된 행동과 언어적 활동을 보일 때 행동적 억압을 나타낸다고 한다. 예를 들면, 데니(6세)는 불안에 압도되었을 때 말을 하지 않거나 움직이지 않았다. 걸음도 굳어버렸다. 이러한 굳는 반응은 실제 또는 지각된 위험에 직면했을 때의 기본적인 인간의 반응이다. 행동적 억압은 약간의 두려움을 줄이는 데 도움이 된다. 그리고 아동들은 불안을 야기하는 상황에서 그들의 반응 조절을 시도하기 위해 행동적 억압을 사용한다. 시간이 지날수록 불안

감소가 강화된다는 사실을 고려할 때 선택적 함묵증 아동은 말하지 않는 습관을 발달시키고, 대처 전략으로서 함묵을 사용하기 시작한다. 당신이 이후의 장에서 설명하고 있는 단계를 사용함으로써 점진적인 변화를 위한 작업을 하게 될 것이다.

압도되는 불안에 대처하기 위한 사람들의 일반적인 방법의 하나는 두려운 상황을 피하는 것이다. 선택적 함묵증 아동 리사(Lisa, 8세)는 다른 아동들과 교제하는 것을 피하기 위해 쉬는 시간 동안 학교 건물에 기대 서 있으면서 회피 행동을 사용한다. 아이는 급우의 생일파티에 참여하지 않음으로써 또는 학교로부터 떨어져 집에 머무는 것을 요구하면서 두려운 상황에 대처할지도 모른다(두말할 나위 없이 학교에 참여하는 것은 필요하고 불안을 경험하는 아동들을 설득하는 것은 어려울 수 있다. 만약 아이가 학교에 가는 것을 거부하고 있다면, 제12장의 불안한 아동을 다루는 것에 관한 양육 조언을 보기 바란다).

수줍음이나 불안의 가족력

종종 어느 한쪽 또는 부모 둘 모두 아이가 보이는 수줍음, 불안, 사회적 공포 그리고 선택적 함묵증을 포함하는 증세와 유사한 개인적인 성격이나 기질에 대한 가족력이 있다고 말한다. 아마도 사촌이나 삼촌이 초기에 비슷한 과정을 겪었거나 가족들 사이에서 여전히 매우 조용한 것처럼 보인다. 많은 부모들은 경험에 비추어 자신들 또한 아이들과 마찬가지로 수줍음을 탔다고 우리에게 말한다. 우리는 피터의 사례에서 피터의 아빠가 소년시절에 매우 수줍어하는 아이였다는 사실을 기억하고 있음을 보았다. 아마 당신도 어렸을 때, 새로운 상황에서나 익숙하지 않은 어른들에게 말하는 것을 꺼리거나 수줍어했었을 수도 있다. 피터의 아빠처럼 여전히 몇몇 사회적 상황에서 자기 자신임을 표시하는 것이 어렵다고 느끼고 있을 수도 있다. 때때로 당신의 말이 바로 나오지 않거나 다른 사람들이 당신에 대한 부정적인 인상을 얻게 될 것이라는 것을 걱정한다. 만약 이러한 걱정을 하고 있다면 당신은 혼자가 아니다. 많은 성인들은 사회적 상황에서 수줍음을 경험한다. 그리고 공공장소에서 말하는 것을 불편하게 느낀다.

비록 연구들이 불안장애가 선택적 함묵증 아동의 가족들에서 나오는 경향이 있음을 제기했어도 그것이 유전적이거나 환경적 요소에 의해 또는 두 가지가 연결됨으로써 아동들이 그들 부모의 불안 성향을 가졌는지 아닌지는 알려지지 않았다. 그것은 사교적이거나 느긋한 가족들로부터도 생기는 몇몇 선택적 함묵증 아동들의 경우에 결코 명확히 해결된 문제가 될 수 없다. 이와 달리 아이가 당신이나 다른 배우자를 닮았다고 확신하더라도, 그것이 자신을 비난할 이유인가? 확실하지 않다. 무엇보다도 현 시대에서 우리는 아이가 당신으로부터 수줍음과 불안을 물려받았다고 확신할 수 있는 방법이 없다. 둘째, 현재의 지식은 선택적 함묵증이 어떠한 단순한 원인만을 가지고 있지 않다고 제안한다. 그것은 더 복잡하다. 셋째, 이 시점까지 어떠한 연구도 선택적 함묵증의 유발에 기여하는 양육의 어떤 특별한 형태를 설명하고 있지 않다. 사실 연구를 통해 우리는 정서적 유대관계와 의사소통 스타일과 같은 양육 스타일과 각각의 가족 성격들을 보았다. 우리는 선택적 함묵증이 없는 아동들의 부모와 선택적 함묵증 아동들의 부모를 비교할 때 차이점을 찾지 못했다(Cunningham et al., 2004).

많은 부모와의 공동 작업을 통하여 알게 된 것은 아이가 선택적 함묵증을 극복하도록 돕기 위해 당신의 양육 기술을 사용할 수 있다는 것이다. 부모로서 당신은 아이가 다양한 사람들에게 그리고 그 상황 내에서 더 편안하게 말할 수 있게 되는 데 가장 중요한 역할을 하게 된다. 다음 장에서 아이가 말할 때 더 자신감을 가지도록 도울 수 있는 몇 가지 활동들을 제시할 것이다.

말하기나 언어적 어려움

말하기나 언어의 어려움을 가진 아동들이 왜 말하는 것을 주저하는지를 상상하는 것은 어렵지 않다. 그들의 마음속에는 아무것도 말하지 않으면 다른 사람들이 자신들의 완벽하지 않은 말하기를 듣지 못하고 말하는 방식을 두고 놀리지 못할 것이라는 생각이 있다. 실제로 몇몇 연구들은 선택적 함묵증 아동들에게 말하기와 언어의 어려움 또는 지체된 언어 발달력이 있음을 보여 준다. 말하기를 시작하는 것의 지체, 말더듬, 명료한 발음문제를 포함한다. 말하기나 언어 문제들의 초기 발달력은 아동들이 항상 이러한 어려움을 가질 수 있기 때문에 반드시 의미를 가지는 것은 아니다. 몇몇 아동들은 언어치료가 도움이 될지도 모른다. 다른 아동들은 초기의 문제들이 성장해 감으로써 쉽게 감소한다.

불분명한 것은 선택적 함묵증 아동들이 다른 아동들보다 말하기 또는 언어의 어려움을 더 가지고 있느냐의 여부이다. 이것은 더 조심스럽게 검토되어야 할 필요성이 있는 중요한 연구 문제이다. 당신이 상상할 수 있는 것처럼 이는 집 밖에서 얘기하는 것이 불편하고, 내성적이고, 불안을 느낄지도 모르는 아동의 말하기와 언어 기술들을 평가하기 위한 과제이다. 아동의 구술 언어의 예를 검토하거나 질문에 구두로 대답하도록 하는 것과 같은 전통적인 평가 접근들은 선택적 함묵증 아동을 위하여 특수하게 수정되는 것이 필요하다. 아이가 당신이 평가받고 싶어 하는 말하기나 언어 어려움들을 경험하고 있을지도 모른다. 아이를 돕는 데에 있어서 말하기와 언어 평가의 잠재적 역할을 검토하는 제3장에서 이에 대해 더 얘기할 것이다.

새로운 문화에 대한 적응

몇몇 아동들에게 있어서는 새로운 문화에의 적응이 선택적 함묵증의 발생에 기여하는 것으로 보인다. 연구에 따르면 이민 아동들 사이에 더 높은 발병률을 보인다(Elizur & Perednik, 2003). 당신이 예견할 수 있는 것처럼 최근 이민 온 아동들에게 있어 학교는 스트레스가 많은 경험일 수 있다. 실제로 아동들이 학교에서 말했던 것과 별개의 다른 언어를 말하는 가족으로부터 스트레스를 받고, 학교에서 그들의 것과는 다른 관습을 경험하는 것으로부터 스트레스를 경험한다. 이러한 아동들에게 학교에서의 적응은 새로운 아동들과 선생님을 만나는 것뿐만 아니라 새로운 언어, 문화 등에 대한 적응을 말한다. 이것은 서론에서 우리가 다루었던, 부모들이 집에서 모국어로 말하는 피터의 사례이다. 이 적응은 가족들이 최근에 이민 온 아동들에게 국한되지 않는다. 언어집중 교육 학교에 참여하고 있는 아동들도 이러한 그룹이라고 할 수 있다.

학교 밖에서의 급우들과 제한된 교제

사회적으로나 지리적으로 고립된 가족들은 선택적 함묵증 아동을 가지게 될 위험에 처해 있을지도 모른다. 그러한 아동들에 대한 우리의 임상 경험을 통해 우리는 그 아동의 친구들이 같은 학급이나 심지어 같은 학교에도 다니지 않고 있다는 얘기를 부모로부터 종종 듣는다. 선택적 함묵증 아동에게 이웃 친구들과 몇몇 학교 친구들이 있지만, 그들은 거의 겹치지 않는다. 예를 들어, 리사는 반 친구와 달리 다른 지역에 살고 학교에 버스를 타고 다니는데, 이러한 지리적 거리는 사회적 고립이라는 역할을 한다. 데니는 반 친구와 이웃집에 산다. 그러나 그는 아이들과 함께 놀기 위해 모이지 못한다. 왜냐하면 그의 부모들은 이웃의 가족들을 모르고 아이들끼리 놀기로 한 놀이시간들을 만들기 위해 이웃과 연락할 수가 없기 때문이다. 피터처럼 몇몇 선택적 함묵증 아동은 단지 형제들이나 사촌들 또는 그들의 언어나 관습을 나눌 수 있는 친척들과 함께 노는 경향이 있다. 몇몇 가족들은 단지 매우 사회적이지 않거나 공동체 지향적이지 않고 더욱 고립되거나 가족 기반 활동들만 하면서 시간을 보내는 것을 더 좋아한다.

이러한 설명들이 당신의 가족 환경에도 적절한가? 만약 그렇다면, 당신의 집에서 아이가 학교 반 친구와 놀 수 있는 기회를 제공할 수도 있을 것이다. 제9장에서 우리는 이를 위한 몇몇의 제안을 제공할 것이다.

이러한 요소들은 어떻게 다양한 방법들로 결합할 수 있는가

대부분의 선택적 함묵증 아동들은 앞에서 언급된 요소들 중 하나 이상의 것으로부터 영향 받아 오고 있다. 많은 다른 아동기 심리적 상태처럼 선택적 함묵증은 아동의 기질과 환경이 결부된 영향에 의해 발생되는 것으로 보인다. 사실 선택적 함묵증 아동의 부모들은 전형적으로 아이의 사례에 이러한 많은 기여 요소들이 결합되어 있다고 인정하는 것이 우리의 임상적 경험이다.

만약 수줍음이나 불안의 가족력이 수줍음에 대한 아이의 타고난 기질에 추가하여 존재한다면, 아동의 삶에 있어 적극적이고 사회적인 행동의 모델로 기능할 수 있는 개인들이 존재할 가능성은 적을 것이다. 이러한 복합적인 요소를 가진 아동은 대신 수줍음, 불안한 행동을 흉내내고 결과적으로 수줍은 성향은 더욱 깊게 뿌리내린 개인적인 특징이 될 수 있다.

수줍음을 타는 성향이 있는 아동은 다른 언어나 문화 속에서 사회적 관계를 해야 하는 상황에서 더욱 불안하게 될 가능성이 있다. 선천적으로 수줍어하고 가정이나 학교에서 강력한 또래 관계를 가지고 있지 못한 아동들은 반 친구들에게 말하고 싶어 하지 않을 것이다(불안을 야기하는 학교 상황하에서만 다른 아동들과 교제하는 것).

선택적 함묵증은 외상적 사건이나 가족 문제들에 의해 야기되는가

초기 외상과 가족 문제들이 몇몇 정신건강 전문가들에 의해 가능한 기여요소들로서 제안되어 왔지만, 그것들은 선택적 함묵증의 발생에 주된 원인으로서 크게 평가 받지는 못했다. 이러한 두 가지 요소들과 관련된 증거들을 보자. 당신이 읽는 동안 이러한 문제가 아동의 선택적 함묵증에 일정한 역할을 하고 있는지에 대해 다시 생각하자.

초기 외상

몇몇 전문가들은 초기 입원, 사랑하는 사람의 죽음, 이혼 그리고 빈번한 가족의 이동과 같은 많은 스트레스나 외상 사건들이 선택적 함묵증 유발에 기여할 수 있다고 얘기한다. 그러나 몇몇 과학자들은 초기 외상과 선택적 함묵증 간의 보고된 연결에 대해 심각한 결점이 있는 것을 발견하고 보다 통제된 상태하에서 관계를 검토하기 시작하였다. 더 체계적인 연구에 따르면 선택적 함묵증 아동들이 다른 아동들보다 초기 외상력이나 스트레스가 많은 삶의 사건을 더 많이 가지고 있다고 할 수 없다(Steinhausen & Juzi, 1996). 사실 연구자들의 연구에서 그들의 선택적 함묵증 아동의 표본 사이에 외상에 대한 어떠한 증거도 찾지 못했었다(Dummit et al., 1997). 최근 정보의 결과처럼 현재 대부분 전문가들은 선택적 함묵증 발생에 대한 주된 기여요소로서 초기 외상을 고려하지 않는다.

물론 이것은 외상적인 사건이 몇몇 아동들에게 선택적 함묵증을 유발할 수 없다고 말하는 것은 아니다. 확실히 외상적 사건 후에 단편적으로 말하는 것을 멈춘 아동들에 대한 개별적 사례는 있어 왔다. 우리는 소수의 사례에서 외상적 경험이 선택적 함묵증을 설명하는 데 도움이 될지도 모른다는 것을 부정하지 않는다. 그러나 현재까지의 증거들은 외상이 대부분 선택적 함묵증 아동들의 양상을 왜 발달시켰는지 설명하지는 못한다.

가족 문제들

당신은 가족 역기능이 선택적 함묵증의 주된 원인일 수 있다는 것을 읽은 적이 있을 수 있다. 초기 이론에 따르면 선택적 함묵증 아동들은 역기능적인 가족 관계의 증상들을 표현하고 있다. 이러한 문헌은 엄마들을 지배적이고 과잉보호하는 것으로 설명했고, 아빠들을 경직되고 소원하다고 묘사했다(Hayden, 1980). 모자 관계는 해롭고, 혼란스럽고, 상호의존적인 특징이 있다고 나타내었다. 또한 아동은 직계 가족 이외의 개인들과 환경을 믿어서는 안 되며 자신의 침묵이 가족의 비밀을 지키는 것이라고 배운다.

그러나 가족 병리학을 인과관계 요소로서 초점을 둔 많은 연구자들은 간단하게 이론화하였으나 그들의 의견을 옹호하기 위한 증거를 찾지 못하였다. 비록 가족 역기능과 선택적 함묵증 사이에 연결이 제안된 몇몇 사례 보고가 있다고 할지라도, 잘 고안된 연구들은 이 관계를 지지하지 않는다(Kristensen, 2000). 우리가 수행한 최근 연구에서 가족 역기능의 수준에는 차이가 없음을 발견했다. 또한 우리는 부부 관계, 경제력, 네트워크(정보교환그룹)의 지원을 포함하여 다른 가족 특성들에서도 차이가 없음을 찾았다(Cunningham et al., 2004). 최근의 다른 연구에서도 유사하게 가족 갈등, 감정표현과 결속의 평가에 있어서 차이가 없음을 발견했다(Vecchio & Kearney, 2005).

몇몇 아동들은 가족 안에서의 역기능에 반응하여 부분적으로 선택적 함묵증이 발달될 수도 있다. 그러나 수준 높은 연구들에서 가족 기능에 있어서의 의미 있는 일관된 차이가 없음을 고려할 때, 우리는 이 요소가 선택적 함묵증 아동들의 대부분의 가족에게 적용되는 것이라고 생각하지 않는다.

선택적 함묵증은 선택인가

당신의 삶에서 몇몇 사람들은 아이의 선택적 함묵증이 말하기에 대해 선택한 것에 기인한다고 믿는 것도 확실히 이해할 수 있다. 말을 하지 않는 아동과 상호작용하는 것은 매우 어렵다. 그리고 아동과 함께 의사소통을 시도하면서 느끼는 의기소침함이나 좌절의 경험은 부모들, 선생님들 또는 다른 성인들로 하여금 침묵이 조작이나 명백한 반항의 한 형태라고 결론짓게 만들 수 있다. 결국 당신의 아이는 일반적인 상황에서 비교적 편안하게 얘기하지만 다른 상황에서는 침묵이 선택되었음은 틀림없다. 맞는가? 이 책의 관점에서 당신은 어쩌면 이 질문에 대한 우리 반응을 예상할 수 있을 것이다. 이것은 많은 다른 전문가들의 자세일 뿐 아니라 우리의 자세이다. 아동의 함묵은 말하는 것의 두려움을 조절하기 위한 절박한 시도이다. 행동 억압에 대해 이 장의 초기에 언급했던 것처럼 말하기를 억제하는 것은 두려움에 대한 일반적인 반응이며, 굳은 방어(freeze defense)와 같은 견해가 최선이다. 선택적 함묵증 아동들은 말하는 것을 원할지도 모른다. 하지만 그들의 두려움 반응이 그들이 그렇게 하지 못하도록 방해하는 것이다. 우리는 선택적 함묵증 아동들이 말하지 않는 것을 선택하는 것이라고 얘기하는 것은 공정하지 않다고 믿는다. 오히려 그들은 불안 때문에 말할 수가 없다.

연습 2.1 아이의 함묵에 기여하는 요소들은 무엇인가

이 장에서 보인 기여 요소를 검토하기 위한 시간을 갖는다. 어떤 것이 아이의 상황에 적용된다고 생각하는가? 자신의 생각을 노트에 적어 보자.

- 수줍음이나 불안한 기질
- 수줍음이나 불안의 가족력
- 말하기나 언어적 어려움
- 새로운 문화에 대한 적응
- 이웃이나 지역에서 아이와 같은 학급에 있는 친구가 적음
- 초기 삶의 스트레스 요인
- 가족 스트레스

3. 어떻게 전문가들이 아이를 도울 수 있을까

이 장의 목표

- 선택적 함묵증의 공식 진단
- 특정 상황에서 아이의 침묵에 기여할지도 모르는 다른 조건이나 문제들
- 개입계획과 평가를 돕기 위하여 모을 수 있는 정보
- 선택적 함묵증 아동을 돕기 위한 전문적 접근
- 어떤 접근이 아이에게 가장 도움이 될 수 있는가

당신의 아이는 선택적 함묵증인가

아동이 특정 상황에서 일시적으로 말을 하지 않는 것이 관찰될 때, 대부분의 부모들이 제기하는 긴박하고 난처한 질문들은 동일시의 하나이다. "이것은 제 아이가 성장하면서 극복하는 단계로서의 수줍음 또는 그 이상인가요?" 비록 이러한 질문에 대한 대답이 항상 직접적이더라도 대답을 찾아내는 과정은 몇몇 부모들에게 당황스러운 것일 수 있다. 많은 아동 정신건강 전문가, 심리학자 그리고 교육자들은 이러한 양상에 대한 경험이 제한적이다. 예를 들면, 베테랑 교사들도 선택적 함묵증 아동과 한 번도 작업하지 않았다고 우리에게 말했다. 일반적으로 소수 전문가들만이 이에 대한 경험을 가지고 있고 그러한 경험을 가진 전문가들은 모든 가족들에게 접근하기가 쉽지 않을 것이다. 그렇다면 아이가 특정 상황에서 얘기하지 않는지를 당신이 이해할 수 있도록 도울 수 있는 전문가들이 있다는 것이다.

선택적 함묵증의 공식적인 진단을 위한 중요한 기준은 학교와 같이 말하기를 기대하는 특정 사회적 상황에서 말하는 것을 일관되게 하지 않는 것이다. 이와 대조적으로 대부분 선택적 함묵증 아동은 집에서 그들의 가족들에게 편안하게 말한다. 진단을 하기 위해서 정신장애의 진단 및 통계적 매뉴얼 제4판에 적합해야 하고, 아동의 말하는 패턴에서 불일치의 형태가 적어도 한 달 동안 지속되어야 하며, 학교나 유치원의 첫 달에 제한되지 않아야 한다. 선택적 함묵증의 주된 특징이 자명할지라도 뚜렷한 이유가 없을 수도 있다. 아이의 말하는 것에 대한 주저함에 관한 정보를 모으는 것처럼 가능성 있는 설명, 기여 요소들 그리고 공존할지도 모르는 다른 조건을 고려해 보는 것도 중요하다.

어떠한 다른 조건들이 고려되어야 하고, 누가 도울 수 있을까

비록 이 주제에 활용할 수 있는 과학적 연구들이 많이 없다 할지라도 우리는 특정 조건에서 아이의 함묵에 기여하거나 동시에 발생할 가능성이 있는 것을 관찰하였다. 전문가들과의 협력을 통해 다음 요소들이 고려되어야 한다.

말하기나 언어적 어려움

우리가 제2장에서 서술했던 것처럼 연구자들은 몇몇 선택적 함묵증 아동들이 말하기 또는 언어적 어려움에 고군분투할지도 모른다고 하였다. 부모로서 당신은 집과 같이 친근한 환경에서조차 아이가 생각하는 것을 표현하는 데 어려움이 있다는 것을 인식한 적 있는가? 과거와 현재에서 아이의 말하기와 언어에 대해 생각해 보기 바란다. 아이의 의사소통을 위해 처음에 단어, 절 그리고 문장을 사용했을 때가 몇 살이었는가? 아이는 다른 또래 아동들과 같은 속도로 말하는 것을 배웠는가? 현재 아이는 단어를 사용하면서 의사소통을 잘할 수 있는가?

만약 아이가 언어 지연이나 명확한 발음의 어려움과 같이 말하기나 언어와 관련된 문제들을 가졌다면, 언어치료사들이 당신을 도울 수 있을지도 모른다. 그리고 다른 전문가들은 들은 것에 대한 이해 능력과 단어와 함께 의사소통하는 능력, 명확한 발음 기술들을 이해하도록 도움을 줄지도 모른다. 말하기-언어 평가를 통해 특정 상황에서 말하기에 대한 두려움에 영향을 미치거나 기여하는 방법을 규명할 수도 있다. 사라의 사례에서 그녀의 발음 어려움들은 취학 전 연령에서 구체화되었고 단기 언어치료를 통해 효과를 얻었다.

청각장애

함묵과 같은 불규칙적인 말하기 패턴을 가진 몇몇 소수 아동들은 청각장애를 가지고 있을 수도 있다. 당신의 아이는 놀이터나 축구장과 같은 넓은 공간이나 큰 집단에서 대화하는 데 어려움을 가지고 있는가? 만약 그가 불충분하거나 모순되게 듣는 것으로 보인다면, 우리는 먼저 내과 의사나 소아과 의사에게 당신의 걱정에 대해 얘기해 보기를 권한다. 일반적으로, 우리는 모든 선택적 함묵증 아동들에게 청능사(청각전문가) 또는 다른 면허를 가진 전문가에 의해 청각장애에 대해 검사하기를 권했다.

지적 능력과 학습의 어려움

선택적 함묵증은 다양한 범위의 지적 능력을 가진 아동들에서 보고되어 왔다. 그러나 어떤 경우에는 학습에서 어려움 또한 존재할 수도 있다. 만약 아이가 학교에서 자유롭게 말하지 않는다면, 교사들은 아이의 학업 성취를 평가하는 것에 대해 어려움을 겪을 것이다. 아이가 이전에 배웠던 것을 잊어버리는 것처럼 보이거나 새로운 기술을 배우기 위해 추가적인 시간이 필요하다는 것을 인식하는가? 그것은 어떤 학습 어려움을 구체화하기 위해 심리 평가가 필요한지 아닌지 당신과 작업하는 전문가들을 위해 중요하다. 이러한 종류의 평가는 아이의 학습에서 어려움의 특징을 더 잘 이해하고 아이를 도와주기 위한 전략을 구체화하는 데 도움을 준다. 또한 학습에 대한 아이의 어려움이 특정 환경에서 말하는 두려움에 영향을 미치거나 기여하는 방법을 설명할 수도 있다.

연습 3.1 아이의 초기 발달력 기록하기

아이의 초기 말하기와 언어 발달, 듣기, 학습 그리고 사회성 발달에 대한 중요한 정보를 기록하기 위하여 당신의 노트를 사용하기 바란다. 아이가 성장하면서 각 발달 단계에서 만들어 왔던 그림이나 비디오 또는 오디오를 보관하기 바란다. 당신과 작업한 몇몇 전문가들이 아이의 발달력에 대한 세세한 기록을 이용한다면 더 정확한 평가를 할 수 있을 것이다.

말하기와 언어 발달

- 아동이 단어, 구 그리고 문장을 처음 사용할 때가 몇 살이었는가?
- 같은 연령의 다른 아동들과 비교하여, 아이는 얼마나 잘 말하거나 의사소통하였는가?
- 같은 연령의 다른 아동들과 비교하여, 다른 사람들이 아이에게 말하는 것을 얼마나 잘 이해하는가?
- 같은 연령의 다른 아동들과 비교하여, 다른 사람들은 아이가 말하는 것을 얼마나 잘 이해하는가?

듣기

- 같은 연령의 다른 아동들과 비교하여, 아이는 얼마나 잘 듣는가?
- 아이의 듣기는 검사했는가? 만약 그렇다면, 최근에 어떻게 하였는가?
- 아이는 귀에 염증이 있었는가? 만약 그렇다면 얼마나 많이 있었는가?

학습과 지적 능력들

- 같은 연령의 다른 아동들과 비교하여, 아이는 새로운 것들을 얼마나 잘 배우는가?
- 아이는 새로운 것들을 배우기 위해 추가적인 연습이 필요한가? 아이는 오랫동안 배워 왔던 것을 기억하는가?

적응적인 기술들

- 같은 연령의 다른 아동들과 비교하여, 아이는 먹는 것, 입는 것 등과 같은 일상의 자기 보호 과제를 얼마나 잘하는가?

사회성 발달

- 같은 연령의 다른 아동들과 비교하여, 아이는 다른 아동들이나 성인들과 얼마나 잘 지내는가?
- 같은 연령의 다른 아동들과 비교하여, 아이는 다른 사람들에게 얼마나 많이 관심을 보이는가?
- 같은 연령의 다른 아동들과 비교하여, 아이는 일상 활동 동안 가까운 가족들로부터 분리를 얼마나 잘하는가?

정신건강 조건

마지막으로 아이의 일반적 정신건강을 고려하는 것은 당신과 작업하는 전문가들에게 중요하다. 왜냐하면 특정 정신건강 조건은 선택적 함묵증과 함께 동시에 발생할 수 있기 때문이다. 우리가 제1장에서 다뤘던 것처럼, 몇몇 선택적 함묵증 아동들은 사회적 불안이나 분리 불안의 징후를 보인다. 드문 예로, 함묵은 실제로 또 다른 정신건강 조건의 결과일 수 있다. 심각한 경우는 정신분열증과 전반적 발달장애와 같은 장애를 일으키는 것이다. 그리고 정신지체가 때때로 특정 상황에서 말을 하지 않는 아동의 성향을 보다 더 잘 설명할 수 있는 것과 같이 아동의 일반적 발달에서 심각하게 지체를 일으키는 경우도 있다. 우리의 경험에 비추어 볼 때, 이것은 자주 발생하지는 않는다. 그러나 아이에게 영향을 주는 모든 이슈들을 구체화하는 것을 확실하게 하기 위해 중요하다. 대부분의 심리학자, 정신과 의사, 아동의 발달이나 정신건강 교육을 받은 내과 의사와 같은 일반적 건강 전문가들은 동시에 발생하는 정신건강 조건을 구체화하거나 배제하는 것을 도울 수 있을 것이다.

연습 3.2 전문적인 접촉 기록하기

부모로서 아이를 위하여 전문가에게 접촉했던 기록을 따라가 보는 것이 필요할 것이다. 우리는 당신이나 아이가 선택적 함묵증과 관련하여 만나 왔던 몇몇 전문가에 대한 정보를 기록하기 위해 당신의 노트를 사용하는 것을 권한다. 당신은 전체 이름과 개인의 접촉 정보와 관련된 전문적인 제목 그리고 각 예약 날짜와 목적을 적을 수도 있다. 당신은 몇몇 전문적인 보고서들이나 서류를 안전한 곳에 보관해야 한다. 당신은 아이와 함께 작업하는 다른 전문가들과 당신의 기록을 공유해야 할 수도 있다.

아동의 함묵에 대한 어떤 정보를 수집해야만 하는가

함묵에 대한 이상의 설명이 고려되거나 배제되거나 필요한 경우 전문적으로 평가되었다면 관련된 문제들은 명확해지고 더 규명하기 쉽게 되었을 것이다. 많은 아동기 문제들과 마찬가지로 선택적 함묵증은 가벼운 단계에서 심한 단계의 어딘가에 속할 수 있을 것이다. 피터와 같은 몇몇 선택적 함묵증 아동들은 학교나 동네 또는 할머니, 할아버지가 집을 방문했을 때와 같이 다양한 환경에서 침묵하면서 있을 수 있다. 사라와 같은 아동들은 선택적으로 몇몇 상황들(사라가 학생들 앞에서 말하거나 교사에게 질문을 해야 할 때처럼)을 제외하고 모든 곳에서 얘기할 수도 있다.

부모들은 특정 상황에서 말을 하지 않는 아동의 성향을 검사하는 데 중요한 역할을 한다. 이전에 서술한 것처럼 당신은 연대기 작가이자, 아이의 말하기와 언어 발달(듣기, 학습 그리고 지적 능력들)과 일반적인 정신건강의 초기 관찰자이다. 또한 당신은 아이가 말하는 동안 더 편안함을 느끼게 하는 활동들의 목록과 말하는 곳, 말하는 사람에 대한 정보를 기록하는 중요한 역할을 한다. 몇몇 관찰들은 아이가 말을 하거나 말을 하지 않는 곳에 대하여 평가함으로써 적절한 개입을 계획하는 데 매우 도움이 될 수 있다.

연습 3.3 아이의 함묵의 내력을 기록하기

아이가 특정 상황에서 말하지 않았던 것을 처음 인식했을 때를 노트에 적어 보기 바란다. 몇몇 상황에서 말하는 것을 아이가 주저한다고 생각할 때, 다음의 것을 고려하고 적어야만 한다.

1. **함묵이 처음 나타났을 때와 그것이 오랜 시간 어떻게 변했는지를 아동의 연령에 따라 열거하기 바란다.** 예를 들어, 시간이 지나면 몇몇 아동들은 말하는 사람의 수와 장소가 점차적으로 증가한다. 다른 아동들은 몇몇 상황을 제외한 특정 상황에서 얘기하고 말하는 동일한 패턴들이 유지되는 것처럼 보인다. 그리고 소수의 아동들은 실제로 시간이 지나면서 보다 적은 사람들에게 말한다.
2. **아동의 말하는 패턴에서 변화와 관련된 상황적인 요소들.** 아이가 처음에 말하는 것을 실패하기 전에 가졌던 사건들을 구체화 할 수 있는가? 예를 들어, 아이가 덜 친숙한 친척들을 만나거나 놀이방에 들어갔거나 또는 학교에 참여하기 시작했었다는 등.
3. **현재 아동이 말을 하거나 말하지 않는 상황.** 이것은 리스트를 만들면서 아동의 말하는 패턴에 관한 조직적인 틀을 만드는 데 도움이 된다. 리스트는 ① 아동이 말하는 사람들, ② 아동이 말하는 장소, ③ 아동을 더 편안하게 만드는 활동들을 말한다. 제1장에서 우리는 자신감을 가지고 말하는 능력이 사람과의 관계, 장소 그리고 말하는

상황에 관련된 활동들에서 선택적 함묵증 아동들을 어떻게 변화시키는지를 설명하였다. 우리는 또한 선택적 함묵증 아동들이 앞의 세 가지 요소들을 포함하는 불안을 보다 덜 야기하는 상황에서 더 많이 야기하는 상황으로 옮겨 가며 사다리와 같은 단계를 올라감으로써 더 편안하게 말하게 되는 경향을 설명하였다.

4. **단계 3으로부터 당신의 세 가지 리스트(사람, 장소, 활동)를 써 왔다면,** 당신은 아이가 말하거나 말하지 않는 구체적 상황을 규명하기 위해 정보를 통합할 수 있을 것이다. 당신은 '말하기 상황 평가 기록표' (연습 3.4)를 활용할 수 있을 것이다. 당신은 사람, 장소, 아동이 말을 하거나 말하지 않는 활동들에 대한 정보와 함께 아이가 사용하는 말의 질에 관해 기록해 나갈 것이다. 아이가 말을 할 때 항상 정상적인 음성으로 말하는가, 아니면 속삭이는 것을 본 적이 있는가? 아이가 지시나 끄덕임과 같은 비언어 몸짓을 사용하는 것을 더 좋아한다고 생각해 본 적이 있는가? 아이 자신이 말하는 것을 누군가가 듣거나 보는 것에 대해 민감한가?

부모로서 당신은 아이가 집이나 지역에서의 과외활동을 할 때와 같이 당신과 같이 있을 때 어떻게 행동하는지 알고 있을 것이다. 반면 아이의 친구의 부모에게 학교 복도나 운동장에서 인사를 하는 경우와 같이 당신이 관찰하지 못한 상황에서 다른 사람들에게 말을 하는지 잘 모르고 있다는 것을 발견하게 될 것이다. 선택적 함묵증 아동들은 학교에서 다른 말하기 패턴을 보이기 때문에 담임교사나 운동장 감독자나 체육 교사와 같이 학교 일과 동안 아이와 같이 있는 어른으로 하여금 관찰해 보도록 요청하는 것이 도움이 될 것이다.

연습 3.4 상황에 따른 말하기 기록하기

시간을 내어 가능한 한 충실하게 말하기 상황 평가 기록표를 작성하기 바란다. 당신은 아이의 부모, 형제자매 및 친구와 교사들과의 말하기 패턴을 기록해야 한다는 것을 알게 될 것이다. 당신은 관계된 사람에 따라 다르게 반응한다는 것을 알게 될 것이다. 관계된 사람에 따라 아이가 어떻게 다르게 말하는지를 노트에 기록하기 바란다. 언제, 어디서, 누구와 얘기하는 것을 편안해 하는지 아는 것은 당신이 목표를 세우는 데 도움이 될 것이다. 이러한 정보를 각기 다른 시간에 기록하는 것은 당신이 아이의 진전(우리가 제6장과 10장에서 더 논의하게 될 주제)을 관찰하는 데 도움이 될 것이다.

어떤 치료가 선택적 함묵증에 사용되었는가

과거에는 선택적 함묵증에 대한 치료는 대단히 어렵다고 인식되었다. 사실 이 분야에서의 몇몇 전문가들은 그 양상에 대한 치료가 불가능하다고 생각했다. 대부분의 치료 접근의 주된 목표는 선택적 함묵증 아동이 이전에 말하지 못한 사람과 대화하고 이전에 말하지 못했던 상황에서 말하게 하도록 도와주는 것이다. 행동 전략, 다양한 형태의 개별치료, 가족치료 및 약물치료 등 많은 다양한 접근들이 발달되어 왔다. 치

표 2 말하기 상황 평가 기록표

아동의 이름		평가자 : 엄마, 아빠, 선생님, 다른 사람들		날짜 :	
지시사항 : 적절한 칸에 표시함으로써 아래 명시된 각 상황에서 아이가 어떻게 말하는지 기록하시오.					
상황	결코 말하지 않음	혼자 속삭이기(다른 사람들에게 들리지 않음)	혼자 속삭이기(다른 사람들이 들을 수 있음)	정상적 소리로 말하기(다른 사람들에게 들리지 않음)	정상적 소리로 말하기(다른 사람들이 들을 수 있음)
집이나 동네에서					
집에서 엄마에게만					
집에서 아빠에게만					
집에서 형제자매에게					
집에서 지금 친구 부모에게					
집에서 친구에게					
친구의 집에서 친구에게만					
친구 집에서 친구의 부모에게					
식료품점에서 부모에게					

식료품점에서 직원에게					
과외활동 동안 다른 사람에게					
학교에서					
놀이터에서 부모에게					
복도나 교실이 아닌 다른 상황에서 부모에게					
학급에서 부모에게					
학급에서 다른 학생들과 함께 부모에게					
운동장에서 친구에게					
복도나 교실이 아닌 다른 상황에서 친구에게					
운동장에서 교사에게					
복도나 교실이 아닌 다른 상황에서 교사에게					
학급에서 교사에게					
학급 앞에서					

료 프로그램은 함묵의 기초 원인에 대한 상이한 생각에 따라 부분적으로 달라진다.

대부분의 접근에 대한 효과는 수준 높은 연구를 통해 평가하지 못했기 때문에 잘 알려져 있지 않다. 대부분의 발표된 연구는 선택적 함묵증 아동에 대한 개별치료 사례를 소개하고 있다. 따라서 아동의 함묵이 개선된 이유를 판단하는 것은 불가능하다. 치료사가 아동과 만날 때 유용한 무엇인가를 하거나 말했는가? 부모나 교사가 치료 기간 동안 상호작용하는 방식을 변화시켰는가? 아동이 점차 새로운 친구나 새로운 학급 아동들에게 편안하게 말하게 되었는가? 이러한 연구의 결점은 아동을 유사한 선택적 함묵증 아동들과 비교하지 않고 결과를 보고한다는 것이다. 불행하게도 그것은 다른 선택적 함묵증 아동들이 동일한 방법으로 좋은 결과를 얻을 수 있는지에 대해 판단하는 것을 어렵게 만든다. 또한 치료 이외의 다른 요소들, 가령 아동 상태의 심각성 등이 결과에 어떠한 영향을 미쳤는지에 대해서도 알기 어렵게 만든다.

활용 가능한 치료 접근들 중 행동 전략이 가장 세밀하게 연구되었고 가장 잘 될 것처럼 보인다(Pionek Stone et al., 2002). 약물치료 및 인지행동치료 접근도 효과를 확신할 수 있을 정도로 충분한 연구가 되지는 않았지만 몇몇 사례에서 유용한 것으로 보인다. 몇몇 전문가들이 당신에게 약물치료나 인지행동치료(CBT)를 권할 수 있다는 점을 고려할 때, 우리는 우선 이러한 치료들이 무엇인지 간단히 살펴보고자 한다. 그 이후에 효과가 입증되었고 우리의 개입 프로그램의 근저를 이루는 행동 전략을 제4장과 9장을 통해 소개하고자 한다.

약물치료

몇몇 의사들은 약물치료가 선택적 함묵증을 치료하는 데 효과적인 방법이라고 부모들에게 제안해 오고 있다. 과거 10년간 이러한 치료 접근에 대한 관심이 증가했다고 할지라도 그 효과를 입증하는 신뢰할 만한 연구는 이뤄지지 않은 상태이다. 사회 공포증이나 다른 불안 양상의 치료에 사용되는 세로토닌 재흡수 억제(SRIs)라고 불리는 특정한 약물 종류가 선택적 함묵증을 치료하는 데 유용하다고 제안되어 왔다(Dummit et al., 1996). 하지만 아이에 대한 유용함이나 위험이 아직 충분히 검토되지 않았다는 점을 명심하기 바란다.

인지행동치료 접근

불안과 더욱 폭넓게 인식되는 선택적 함묵증 간의 관계를 통해 부모들은 전문가들이 다른 형태의 아동기 불안에 효과적이라고 밝혀진 치료를 권하는 것을 볼 수도 있을 것이다. 행동접근의 한 지류로서(다음 섹션을 보라) 인지행동치료는 성인 불안을 치료하는 데 효과적으로 인식되어 왔고 최근에는 아동에게도 효과가 있다고 인식되고 있다(Kendall et al., 2000). 일반적으로 이러한 접근은 불안한 개인의 생각에 추가적인 강조를 하는 행동 전략을 통합한다. 다양한 전략이 사고 패턴을 변화시키는 방법을 통해 불안을 감소시키는 데 도움이 되는 방법들을 개발해 왔다. 그러한 기술들은 비현실적인 사고를 하지 않도록 개인을 훈련시키고 문제해결이나 독백을 사용하는 등과 같은 것을 포함하지만 그에 한정되지는 않는다.

선택적 함묵증 아동에게 인지행동치료가 효과적인지에 대한 수준 높은 연구는 아직까지 수행되지 않았다. 또한 선택적 함묵증 아동의 전형적인 특성이 이러한 형태의 치료에 특별한 장애가 될 수 있다는 점을 인식하는 것도 중요하다. 예를 들어, 인지행동치료는 그 대화 형태에서 아동이 생각과 감정을 치료사와 공유하도록 요구한다. 아동이 특정 상황에서 말하는 것을 불편해 한다면 그가 치료사에게 말하는 것을 기대하는 것은 어렵다. 또한 선택적 함묵증은 아동이 아주 어렸을 때 나타나는 경향이 있다는 점을 고려할 때, 발달 그 자체가 효과적인 인지행동치료에 장애가 될 수 있다. 아동의 인지발달 수준은 부분적으로 얼마나 추상적인 방식으로 잘 사고할 수 있는지, 문제를 잘 해결할 수 있는지, 유연하게 사고할 수 있는지를 말해 준다. 대부분의 인지행동치료 형태는 개인이 자신의 사고과정을 평가하고 변화시킬 수 있을 것을 요구한다. 특히 개인은 보다 앞선 인지 능력을 보유할 수 있어야 한다. 당신은 아이가 이러한 종류의 사고가 가능하다고 생각하는가? 인지발달의 수준이 아동마다 다르다고 하지만, 우리의 경험에 비추어 볼 때 선택적 함묵증이 가장 잘 치료될 수 있는 연령은 인지행동치료 전략이 유용하다고 볼 수 있는 것보다 더 어린 시기이다.

행동치료 접근

이미 언급한 바와 같이, 현재까지 행동치료 접근이 가장 세심하게 연구되었고 선택적 함묵증에 대한 효과도 입증되었다(Cunningham et al., 1983; Pionek Stone et al., 2002). 대개 행동치료 접근은 특정 행동 패턴을 야기하고 유지하는 환경적 측면과 관찰 가능한 행동에 중요성을 부여한다. 행동은 대부분 그 환경에 대한 반응 속에서 얻게 된다고 생각된다.

개발된 행동 전략 중에서 노출과 전이가 대부분의 전문가들에 의해 아동과 어른들의 불안 관련 양상을 위한 효과적인 치료를 위한 핵심적인 구성요소라고 여겨진다. 두려운 상황을 회피하고 공포를 줄이기 위해 개인들은 그 상황을 참고, 발생하는 불안을 통제하기 위해 무서운 상황에 노출되어야 한다. 노출은 개인이 회피와 달리 공포를 극복하는 다른 방법을 연습하는 기회를 제공한다.

노출 기회들은 가장 덜 두려운 상황에서 가장 두려운 상황의 사다리 단계를 점차적으로 밟아 가면서 얻어질 수 있다. 성공적인 사다리 오르기를 보장하기 위해서는 프로그램을 만드는 전문가들이 각 단계들의 간격을 줄이고 두려운 행동이 발생하지 않는 상황에서 시작할 수 있도록 해야 한다. 즉, 그 사람이 현재 성공적인 상황에서 시작할 수 있게 함으로써 자신이 이미 숙달된 상황에서의 행동을 미세하게 변경된 다른 상황으로 점차적으로 전이시켜 갈 수 있는 것이다. 시간이 지나고 반복적인 노출을 통해 개인은 보다 증가된 불안 야기 상황을 성공적으로 마주할 수 있게 될 것이다.

일반적으로 아동은 자신을 놀라게 하는 상황들을 극복하는 방법을 배운다. 제1장에서 언급한 바와 같이 대부분의 선택적 함묵증 아동들은 특정 상황에서 다른 사람들이 엿듣거나 보는 것을 두려워하는 공포에 반응한다. 따라서 선택적 함묵증 아동들은 말하는 압박감을 느낄 수 있는 상황을 회피하는 법을 배우게 된다. 예를 들어, 그들은 질문을 할 수 있는 어른들과 눈을 마주치는 것을 회피할 수 있고, 비언어적으로 상호작용할 수 있는 친구들과 노는 것을 더 좋아하거나 교사들의 눈에 띄지 않기 위해 조용히 가만히 있을 수 있다. 당신의 아이는 이러한 행동을 통해 말하는 상황을 회피하고 있는가? 회피 행동은 말하는 상황과 관련된 즉각적인 불안을 감소시킬 수 있고 이러한 불안으로부터의 안도는 장래에도 그러한 회피가 발생할 가능성을 높이게 된다.

입증된 행동 전략을 사용함으로써 당신은 아이가 한 번에 한 단계씩 보다 폭넓은 상황에서 편안하게 말하는 것을 배움으로써 말하는 공포를 극복해 나가도록 도울 수 있을 것이다. 제4장에서 당신은 행동 원칙들이 어떻게 우리가 추천하는 개입 프로그램을 안내하는지와 우리가 제안하는 많은 전략들에 대해 읽게 될 것이다.

4. 프로그램의 기초적 원칙은 무엇인가

이 장의 목표

- 개입에 대한 접근 방법의 기초를 이루는 다섯 가지 원칙

제4장에서 제9장까지 우리는 말하는 공포를 극복하도록 도와주는 체계적 개입 프로그램의 각각의 단계로 당신을 안내할 것이다. 구체적인 개입 전략들을 언급하기 전에 우선 우리의 개입에 대한 접근 방법을 안내하는 다섯 가지 원칙들을 소개하고자 한다. 그럼으로써 이후의 장에서 당신이 전략들을 보게 되면 그 전략들에 수반되는 제안들의 이론적 근거들을 이해하게 될 것이다.

첫 번째 원칙 : 행동은 경험을 통해 배운다

제2장에서 논의한 바와 같이, 특정 상황에서 아이가 말하기를 두려워하는 것은 기질이나 환경적 요소의 결합에 기인할 가능성이 크다. 아이의 유전적 기질이나 성격이 말하는 공포를 유발할 수도 있지만, 침묵하고 싶어 하거나 말을 해야 하는 상황을 회피하고 싶어 하는 경향은 부분적으로 경험을 통해 강화된다. 이전 장에서 아이가 말하지 않음으로써 두려운 상황을 모면하는 습관을 발전시키는 방법에 대해 언급한 바 있다. 눈을 마주치지 않거나 침묵함으로써 그러한 상황을 회피하는 것은 일시적으로 불안을 감소시킬 수 있다. 좋은 소식은 선택적 함묵증 아동들은 그다지 불안을 느끼지 않으면서도 말하는 것을 배울 수 있다는 것이다. 아이가 그렇게 할 수 있도록 하기 위해 우리는 불안을 조성하는 환경적 측면에 초점을 맞추어 보다 편안하게 느낄 수 있도록 환경을 변화시키는 것에 대해 논의할 것이다. 선택적 함묵증은 대개 학교에서 발생하기 때문에 대부분의 부모들은 학교 환경에 주목하여 아동이

다니는 학교 구성원들과 함께 일하는 것으로 시작하게 될 것이다. 다음 장에 언급된 전략들을 실행함으로써 당신은 아이가 현재 스트레스를 느끼는 상황에서 보다 편안하게 말할 수 있도록 도와줄 것이다.

두 번째 원칙 : 단계적 말하기는 공포를 없애는 데 도움이 된다

공포를 극복하는 한 방법은 과거에 회피해 왔던 불안을 유발하는 상황을 직면하는 것이다. 제3장에서 언급한 것처럼 이 전략을 '노출'이라 부르는데 이는 실제 연습의 형태를 띤다. 선택적 함묵증 아동들 및 그 가족들과 작업함에 있어서 우리는 대개 부모와 학교 구성원들로 하여금 점진적으로 말하는 것이 두려운 상황에 아동을 노출시키고 각각의 단계에서 말을 할 수 있도록 하였다. 이러한 과정은 우선 불안을 유발하는 상황적 측면을 꼼꼼하게 구체화하는 것으로부터 시작한다. 그러고 나서 공포 상황의 단계와 사다리를 만들고 아이가 편안하게 말하는 상황에서부터 시작해서 보다 덜 자주 말하는 상황으로 옮겨 간 뒤 마지막으로 전혀 말하지 않는 상황으로 끝을 맺는다.

아이가 말하는 공포를 극복하는 데 성공할 수 있도록 하기 위해 우리는 아이가 말할 때 편안하게 느끼는 장소, 사람 및 행동들로부터 시작할 것이다. 작은 단계를 통해 아이의 말할 때의 안락함이 관련된 사람, 장소 또는 행동들을 변경함으로써 점점 하나의 성공적 상황에서 새로운 상황으로 전파될 것이다. 예를 들어, 아이가 학교 도서관에서 독서할 때 당신에게 얘길 한다면 그러한 자신감 있는 말하기가 그 시나리오에 조그마한 변화를 주어서 다른 상황으로 전이될 수 있을 것이다. 또한 당신의 독서 시간을 한 번에 조금씩, 도서관의 더 붐비는 장소로 옮기거나 학교의 다른 공간으로 옮길 수도 있을 것이다. 당신도 알게 되겠지만, 선택적 함묵증을 극복할 수 있도록 도와주기 위해서는 아이가 말을 하는 사람들, 말을 하는 장소들 및 아이로 하여금 말하도록 독려하는 행동들을 규명하는 것이 중요하다.

대화의 사다리를 올라가는 것은 다른 기술을 습득하는 것과 다르지 않다. 만약 아이가 아닌 당신 자신이 자전거 타는 법을 배우려고 했을 때를 생각해 보면 그것이 처음에 얼마나 어렵고 두려웠는지 떠올릴 수 있을 것이다. 하지만 누군가가 안장과 핸들을 잡아 주면서 타는 단계로부터 보조 바퀴의 도움을 받고 타는 단계를 거쳐 마침내 보조 바퀴의 도움을 받지 않고도 혼자 탈 수 있게 되는 점진적인 단계를 통해 아동이 자전거 타는 법을 배우게 되는 것이다. 중요한 것은 사다리를 너무 빨리 올라가려고 하는 유혹으로부터 벗어나는 것이다. 처음 자전거를 타는 아동을 언덕 아래로 내미는 것이 자전거를 배우게 하는 최선의 방법이 아닌 것과 마찬가지로 아이를 너무 일찍 도전적이거나 불안을 많이 유발하는 상황에 직면하게 하는 것은 아동으로 하여금 말을 하지 않게 만들 수도 있다. 당신은 그런 상황이 발생하는 것을 원치 않을 것이다. 당신은 아이가 약간의 불안을 경험하더라도 새로운 상황에서 성공적으로 말할 수 있기를 무엇보다도 바랄 것이다. 그렇게 하기 위해서는 차근차근 통제할 수 있는 단계를 밟아 아이의 자신감 있는 말하기를 새로운 상황으로 이동시켜야 할 것이다.

제7장에서 당신은 아이의 대화 사다리의 단계적 구성으로 안내될 것

이다. 그 다음 장에서는 아이가 더 자주 말할 수 있도록 촉진하는 포괄적 계획을 당신이 발전시킬 수 있도록 행동 수칙에 기초한 제안들을 제공할 것이다. 당신은 제8장에서의 '대화적 방문들' 을 통해 아이의 학교에서의 말하기를 촉진시키는 방법을 배우고, 제9장에서의 놀이시간을 통해 가정과 학교 사이의 또래 관계를 개선시키는 방법을 배울 것이다.

세 번째 원칙 : 아이의 진전을 추적함으로써 그 계획이 효과가 있는지 알게 된다

우리는 아이의 어려움을 주의 깊게 평가하는 것이 개입 계획을 발전시키는 데 필수적이라고 생각한다. 따라서 아이가 필요로 하는 것에 가장 도움이 되는 전략을 구체화하기 위해서는 우선 다양한 상황에서 엿볼 수 있는 말하기 패턴과 안정 수준을 철저하게 이해하는 것이 필요하다. 제3장에서 우리는 아이가 다양한 사람, 장소 및 활동에 관한 말하기 패턴과 안정 수준에 관한 정보 수집의 중요성에 대해 논의한 바 있다. 제6장, 제7장에서 당신이 누구와 함께 있고, 어디에 있는지 또는 무엇을 하고 있는지에 따라 달라지는 아이의 반응을 고려하도록 주문 받을 것이다. 불안을 조성하는 상황적 측면을 더 잘 이해할수록 긍정적인 변화를 만들기 위해 더 잘 무장할 수 있기 때문에 아이의 반응을 가능한 한 구체화하는 것이 중요하다. 연습 3.4에서 제공된 말하기 상황 평가 기록표와 제6장에서 제공되는 다른 모니터링 양식을 이용하여 당신은 아이가 말하거나 말하지 않는 상황을 체계적으로 추적할 수 있을 것이다.

일단 개입 전략을 사용하기 시작하면, 당신은 아이의 발달을 체크하는 데 있어서 다양한 상황에서 말하기 및 안정 수준을 지속적으로 추적하는 것이 매우 유용하다는 것을 발견하게 될 것이다. 십중팔구 아이가 하룻밤 사이에 모든 상황에서 안정적으로 말하게 되지는 않을 것이다. 변화는 종종 점진적이며 매우 미묘하다. 주의 깊게 살피지 않으면 발달은 간과될 수도 있다. 아이가 말하거나 말하지 않는 상황에서의 이러한 미묘한 차이는 아이가 더 큰 자신감을 가지고 말하는 다음 사다리 단계로 올라갈 수 있도록 당신이 계획하는 데 매우 유용할 것이다.

체계적인 추적을 통해 수집된 정보는 개입의 효과가 어느 정도인지 알려 주기도 한다. 만약 전략이 효과가 있다면 당신은 일정한 기간 동안 다양한 상황에서 말할 때 아이의 안정 수준의 일정한 변화를 기대할 수 있을 것이다. 만약 특정 전략을 실행하고 나서 아이가 매우 불안해하거나 일정 기간 진전이 없으면 당신은 개입에 일정한 변화를 가할 필요성을 느끼게 될 것이다. 제7장은 개입 계획을 언제, 어떻게 변화시켜야 하는지에 관해 서술하고 있다.

네 번째 원칙 : 훈련, 훈련, 훈련

연습의 중요성은 아무리 강조해도 지나치지 않는다. 모든 새로운 기술과 마찬가지로 연습은 말하는 공포를 극복하는 데 필수적이다. 아이가 사다리 단계를 올라갈 때, 가능한 한 많이 연습할 수 있도록 기회를 부여하기 바란다. 아이가 각 단계에서 많이 노출되고 연습할수록 그 상황과 관련된 공포를 극복하는 게 더욱 쉬워질 것이다. 선택적 함묵증 아동이 증가되는 상황에서 자신감을 가지고 말하기를 배우는 것은 매우 어려운 작업이다. 때때로 보상은 아동이 사다리 단계를 올라가는 데 자극이 되기도 하는데, 이 책의 후반부에서 이에 대해 논의하도록 하겠다.

우리는 또한 성취를 유지하고 그 성공을 새로운 상황으로 전달하는 것의 필요성을 강조하고자 한다. 아이가 다양한 상황에서 더 넓은 영역의 새로운 사람들과 이야기할 수 있도록 계속 전진해 나가도록 하기 위해 추진력(momentum)을 유지하도록 도와주는 것이 매우 중요하다. 제10장에서 아이의 진전을 확대시키고 추진력을 유지할 수 있는 구체적인 몇 가지 기술들이 제공될 것이다.

다섯 번째 원칙 : 조기 개입이 최선이다

마지막으로 아이의 개입 프로그램을 일찍 시작하면 할수록 더 바람직하다. 연구에 따르면 선택적 함묵증의 치료는 함묵증이 발견되자마자 이루어질수록 더 효과적이라고 한다(Pionek Stone et al., 2002).

지금까지 개입에 대한 접근 방법을 안내해 줄 다섯 가지 원칙에 대해 개괄적으로 소개하였다. 이후의 각 장들을 읽는 중에 제공된 전략의 근거가 불투명하다고 느껴지는 경우에는 이 장으로 다시 돌아와 보기를 권한다. 당신과 아이를 돕는 사람이 이러한 안내 원칙들을 충실한 이해를 통해 발전시켜 갈 수 있다면, 아이에 대한 개입 계획을 발전, 검토 및 결정함에 있어 매우 잘 무장되었다고 볼 수 있을 것이다.

5. 관리팀 구성하기

이 장의 목표

- 관리팀이 무엇이며 왜 중요한가
- 관리팀을 선택할 때 누구를 고려해야 하는가
- 학교에서 관리팀을 어떻게 구성할 것인가
- 얼마나 자주 또 언제 관리팀이 만나야 하는가
- 관리팀 회의 기록을 어떻게 관리할 것인가

지금까지 당신은 선택적 함묵증 아동의 특징, 말하기를 두려워하는 이유와 아동을 도울 수 있는 전문가들에 대해 배울 기회를 가졌다. 제4장에서는 기본적인 원칙들을 소개하였다. 이제 당신과 당신과 함께 일할 전문가들이 선택적 함묵증 아동을 도울 수 있는 방법에 대해 논의해 보기로 하자.

관리팀이 무엇이며 왜 중요한가

아이가 선택적 함묵증을 극복하는 데에는 당신을 포함하여 가족, 친구 및 전문가들과 같은 아이의 세계와 맞닿아 있는 많은 성인들의 노력이 필요하다. 이러한 이유로 개입 계획을 수립하는 첫 번째 단계는 당신과 함께 또는 서로 간에 공동 작업을 하고 아이를 돕기 위해 노력할 개인들을 함께 모으는 것이다. 우리는 이러한 사람들의 집단을 '관리팀'이라 부른다.

서두에서 언급한 것처럼 아이의 선택적 함묵증은 학교에서 가장 뚜렷하게 나타난다. 당신은 아이가 오로지 집에서만 편안하게 이야기한다는 사실을 알 수도 있을 것이다. 또는 집이나 동네에서만 어려움 없이 말하고 학교에서는 그렇지 못할 수도 있다. 함묵증의 정도에 관계없이 아이는 학교 공간에서 말하는 것을 가장 불편하게 느낄 가능성이 높다. 따라서 아이를 돕기 위해 학교 직원을 포함시키는 것이 합리적이라고 할 수 있다.

우리의 임상적 경험에 비추어, 선택적 함묵증을 치료해 나가는 데에는 시간과 인내가 필요하다. 진행 상황에 대한 정기적인 점검과 다음 단계에 대한 주의 깊은, 느리지만 체계적인 접근이 가장 효과적이다. 만약 다수의 개인들이 아이를 돕기 위해 하나의 팀으로 작업한다면, 모든 팀원들의 관찰과 좋은 생각들이 개입에 도움이 될 것이다. 당신도 예견할 수 있듯이 난상토론과 문제해결은 다수의 사람들이 그 과정에 참여할수록 더욱 생산적이 될 수 있는 것이다.

누가 당신의 관리팀에 합류해야 하는가

선택적 함묵증의 성공적인 관리를 위해서는 부모, 교사, 학교 행정직원 및 전문가들의 협력이 필요하다. 학교에서의 구성과 다른 전문가들의 이용 가능성에 따라 아이의 관리팀은 그 구성에 있어 매우 독특할 것이다. 2학년인 제이슨(7세)의 경우, 관리팀에는 엄마, 할머니(방과 후에 제이슨을 보살피고 있음), 담임교사, 체육관 교사와 학교장이 포함되었다. 유치원생인 카렌(6세)의 경우에는 양부모(아빠의 경우 탄력적인 근무 조건에 따라 거의 대부분의 모임에 참석하였음), 담임교사, 학교 특수 교사와 카렌의 보모(데이케어 제공자)로 구성되었다. 필요한 경우 행동 접근에 관해 전문성을 가지고 있는 학교운영위원회의 심리학자가 팀에 조언을 해 주었다.

당신도 알 수 있듯이 관리팀을 구성하는 데 하나의 원칙만이 있는 것은 아니다. 누구를 참여시킬 것인지를 결정할 때 당신은 다양한 사람들을 고려해야 한다.

부모(들) 또는 보호자(들)

적어도 한 명의 부모 또는 보호자가 관리팀의 모든 회의에 참여해야 한다. 보모나 보호자로서 당신은 아이의 선택적 함묵증에 대한 최초 평가와 그 관리에 관해 중요한 기여를 해야 한다. 당신은 누구보다도 아이의 능력에 대해 잘 알고 있다. 사실 부모로서 당신은 아이가 선택적 함묵증을 극복할 수 있도록 도와줘야 할 대부분의 책임을 부담해야 할 것이다. 당신이 이 책을 읽고 있다는 사실 자체가 아이를 도와주기 위해 애쓰고 있다는 것을 보여 준다. 학교 구성원들과 이용 가능한 전문가들로부터의 조력을 받는 것이 필수적이긴 하지만 당신만이 아이와 개입을 위한 매일 매일의 단계를 진행해 나갈 유일한 사람이다. 관리팀에서의 당신의 핵심적 역할을 고려할 때, 당신이 선택적 함묵증에 대해 잘 알고 있고, 개입 계획을 위한 기본 원칙을 이해하며, 아이가 필요한 도움을 받을 수 있도록 학교 구성원들과 함께 작업할 수 있는 시간을 만드는 것이 중요하다.

교장

아이의 선택적 함묵증의 관리가 주로 학교에서 이뤄질 것이기 때문에 학교장이나 학교 행정 담당 직원이 관리팀에 참여할 수 있도록 하는 것이 중요하다. 학교 행정의 최고 책임자인 교장은 아이가 특별히 필요로 하는 것을 인식하고 선택적 함묵증을 극복할 수 있도록 도와주기 위한 관리팀의 노력을 지원해야 한다. 학교장이나 행정 담당자는 아이의 말하는 공포가 그의 학업 발달을 저해하지 않도록 하기 위해 이뤄지는 학급소속 변경도 승인할 필요가 있을 것이다. 만약 교사가 아이의 학업 능력을 전통적인 방식으로 평가하는 것에 어려움을 가지고 있다면, 교장에 의해 대체적인 방법도 승인될 수 있을 것이다(다음 장에서 교사 평가 문제에 관해 보다 상세하게 논의할 것이다).

학교장은 실무적인 문제들에 있어 매우 도움이 될 수 있다. 제8장에서 우리는 부모 대화를 위한 학교 방문이 아이에게 어떻게 도움이 되는지를 논의할 것이다. 학교장은 당신에게 이러한 특별한 만남을 위해 학교를 방문할 최적의 시간이 언제인지를 알려 준 다음 당신에게 어떠한 방이 사용가능한지 결정하는 데에도 도움을 줄 것이다. 학교장의 참여는 관리팀의 초기 계획 단계에 있어 특히 중요하다고 할 수 있다.

교사

개입의 가장 중요한 목적 중 하나는 아이가 교실에서 더욱 편안하게 말할 수 있도록 도와주는 것이다. 교사는 당신이 목표를 달성하기 위해 일하는 과정에 매우 중요한 협력자가 될 것이다. 아이의 교사는 선택적 함묵증을 이해할 필요가 있고 당시 아이와의 상호작용을 기꺼이 변화시키고 그를 급우들과 더 많이 이야기할 수 있도록 하는 장소에 앉히며 필요한 경우 아이가 말하지 않고도 참여할 수 있는 활동들을 조직하여 대체 평가 접근이 도움이 되는지 고려할 필요도 있다. 또한 담임교사도 교실 내에서의 아이의 진전을 매일 관찰하고 이를 공유할 수 있는 관리팀의 구성원이 될 수 있을 것이다.

아이는 체육, 음악 또는 미술교사와 같은 다른 교사들과도 정기적으로 상호작용을 하고 있을 수 있다. 아이가 나이가 있고 순환 과목 일정을 가지고 있다면 몇 명의 교사들이 포함될 수도 있다. 최소한 한 명의 정규 담임교사는 참여할 수 있도록 노력하기 바란다. 나이가 있는 아동일 경우, 가정교사나 아이를 가장 정기적으로 보는 교사가 포함될 수 있다. 다른 교사들이 관리팀에 참여할 수 있는 경우에는 그로 인해 팀이 개입 전략을 다양한 수업들로 확장하고 그러한 환경은 아이의 진전을 추적해 가는 데 도움이 될 것이다.

관리팀에 누구를 참여시킬 것인지를 고려할 때, 아이의 학교가 특수교육 필요성을 가진 아이들을 위한 프로그램을 감독해 줄 구성원이 있는지 알아보기를 원할 것이다. 학교 시스템에 따라 다르겠지만, 이러한 사람을 특수교육교사 또는 전문교사(resource teacher)라고 부른다. 아이가 본래적으로 학습의 어려움을 가지고 있지는 않을지라도 학교 환경하에서 아동들의 욕구를 충족시키기 위한 창의적인 방법들을 발견해 내는 경험을 가진 특수교육교사는 관리팀에게 훌륭한 자산이 될 수 있다. 아이가 다음 해에도 여전히 지원을 필요로 할 수 있기 때문에 이와 같은 특수교육교사는 1년이나 그 다음 연도까지 관리팀에 계속 참여하는 경우가 종종 있다. 이러한 연속성은 필수적인데, 이것이 적어도 한 사람의 학교 구성원이 팀에 계속적으로 남아 있을 수 있게 하기 때문이다.

전문 상담가

많은 부모, 교사 및 교장들이 선택적 함묵증에 대해 잘 모르기 때문에 이 증상에 대해 잘 아는 지역의 전문가를 초빙하는 것이 중요하다. 선택적 함묵증 아동들에 대한 성공적인 개입 또한 사용하게 될 개입 전략을 지원하는 전형적인 아동 발달, 학습 기술 및 발달과 행동 원칙들에 대한 지식을 요구한다. 심리학자들이나 심리학적 배경을 가지고 있는 사람들이 종종 이러한 영역에 대한 지식을 가지고 있고 관리팀에게 조언을 줄 수 있다. 언어치료사나 가정의학 의사와 같이 다른 배경을 가진 전문가들도 그들의 선택적 함묵증에 대한 교육이나 배우고자 하는 관심의 정도에 따라 당신 팀의 적절한 선택이 될 수 있다. 학교 구성원들의 도움을 통해 당신은 불안 아동들을 치료하는 전문성을 가지고 있는 사회복지사나 행동 지도 상담가들과 같이 팀에 자산이 될 수 있는 학교 운영위원회의 전문가들을 알아낼 수도 있을 것이다. 이상적인 경우에 전문 상담가가 모든 관리팀 회의에 참여할 수도 있을 것이다. 하지만 이러한 종류의 참여가 어렵다면, 전문 상담가가 간헐적이더라도 정기적으로 참여할 수 있도록 하기 바란다.

관리팀 간사

정기적으로 예정된 팀 회의를 조직하는 것이 필수적인 작업이다. 당신은 모든 회의에 참여할 수 있도록 준비하고 학교생활 기간 동안 학교 구성원이 회의에 참여할 수 있도록 하는 것이 중요할 것이다. 모든 팀원들이 회의에 참여할 수 있도록 학교 구성원들의 일정을 조정하는 것을 돕기 위해 학교에 적을 두고 있는 팀 간사의 도움을 받는 것을 고려할 수 있다. 이 사람은 또한 모든 팀 구성원들의 적극적인 참여를 보장하고 계획 세션 동안 그룹의 작업을 뒷받침하며 문제해결 세션에서도 주도적인 역할을 할 수 있다. 관리팀 간사는 추가적으로 선임할 수 있고, 기존의 팀원 중에서 그러한 역할을 할 사람을 찾을 수도 있다. 예를 들어, 학교장, 담임교사 또는 특수교육교사가 그 업무의 적절한 후보자가 될 수 있을 것이다.

연습 5.1 관리팀 구성하기

노트를 꺼내 관리팀 구성원으로 참여시키기 위해 초대하고 싶은 사람들에 대한 정보를 적어 보기 바란다. 샘플표를 참고로 하여, 한 줄은 구성원들의 이름을 적고, 한 줄은 그들의 지위와 관리팀 내에서의 가능한 역할을 적고 나머지 줄에는 전화번호나 연락처를 적어 보기 바란다. 당신 자신과 담임교사 및 아이를 돕는 데 참여할 수 있는 학교 구성원들을 반드시 기재하기 바란다.

팀 구성원 이름	지위 / 팀 내 역할	연락처

어떻게 관리팀을 구성할 것인가

관리팀에 기여할 수 있는 사람들을 정했다면 이제 당신은 그 정보를 잠재적 팀 구성원으로 기재되어 있는 학교 구성원과 공유해야 한다. 만약 학교 구성원들이 아이를 돕는 데 이미 참여하고 있다면, 당신은 팀 구성을 했거나 누가 팀 구성을 도와줄 수 있는지에 대한 아이디어를 갖고 있을 수 있다. 만약 아이를 위한 개입 계획에 대해 학교 구성원과 아직 연락을 해 보지 못했다면 가능한 한 빨리 필요한 일정 조정을 하는 것이 필요하다.

부모로서 당신은 어떻게 학교에서의 개입 계획을 세워야 하는지에 대해 막연하다고 느낄 수 있고 학교 구성원에게 접근하는 것을 불편하게 생각할 수도 있을 것이다. 선택적 함묵증 아동들의 부모 또한 다른 사람들과 있을 때 부끄러움을 타거나 그들과 이야기하는 것을 편안하게 생각하지 않는 경향이 있다는 것이 흔하다는 점을 기억하기 바란다. 하지만 우리는 당신이 학교 업무에 종사하는 사람들로부터 도움을 요청함으로써 아이를 위해 적극적인 지원자 역할을 맡을 것을 권유한다. 이 책을 읽어 나가면서 당신은 선택적 함묵증과 아이에게 도움이 될 수 있는 전략들에 대해 많은 것을 배우고 있다. 학교 교사들은 이렇게 상대적으로 흔하지 않은 문제에 대해 잘 모르고 있을 수 있지만 도움을 줄 수 있는 방안을 찾는 데 관심을 가지고 있을 것이다. 우리의 경험에 비추어 볼 때, 학교마다 참여할 수 있는 학교 구성원들의 차이가 있긴 하지만 아이를 위해 보다 나은 여건을 만들기 위한 바람은 항상 존재하고 있다.

각 학교별로 조직 구조가 상이하겠지만 대개 학교장과 약속을 잡는 것이 바람직할 것이다. 그 만남을 통해 당신은 아이에 대한 걱정에 대해 얘기할 수 있고(학교장이 그것들을 아직 모르고 있다면), 이 책의 정보를 공유할 수 있을 것이며, 관리팀을 위한 좋은 후보자에 대한 의견도 요청할 수 있을 것이다. 학교장은 학교 내의 전반적인 활동들을 감독하기 때문에 관리팀 구성과 첫 회의를 소집하는 데 자발적으로 도와줄 수 있을 것이다. 또는 학교장이 당신에게 관리팀 구성을 위한 조력자 역할을 할 수 있는 다른 학교 구성원을 소개시켜 줄 수도 있을 것이다. 어느 경우이든, 당신은 아이를 도울 수 있는 많은 작업이 이루어질 학교에서 중요한 업무 관계를 형성하게 될 것이다. 또한 교장에게 당신이 개입 프로그램을 돕기 위해 일정한 역할을 하고 싶다는 점을 알려줄 필요가 있을 것이다.

연습 5.2 학교 접촉

당신이 아직 아이의 선택적 함묵증과 관련하여 학교에 정기적인 연락을 취할 사람이 없다면 최초 회의를 위해 교장이나 그 외의 적절히 높은 지위의 학교 구성원을 접촉하기 바란다. 그로 하여금 회의의 목적이 아이를 위한 개입 프로그램을 발전시키는 데 관한 당신의 관심에 대해 얘기하는 것과 학교 구성원이 당신을 도와줄 수 있기를 바란다는 점을 알게 해 주고 싶을 것이다. 회의를 준비함에 있어서 노트를 꺼내 당신이 교장과 상의하고 싶은 것들의 목록을 정리하기 바란다. 다음은 당신이 묻고 싶어 할 수 있는 몇 가지 질문의 예이다.

- 학교장(또는 직원)이 선택적 함묵증과 아동들이 말하는 공포를 극복하도록 도울 수 있는 방법들을 잘 알고 있는가
- 학교장이 학교 중심의 개입 프로그램의 구성에 긍정적인가
- 학교장이 관리팀을 구성하는 것을 도와줄 수 있는지 아니면 다른

학교 구성원에게 할당될 수 있는가

- 학교장이 관리팀의 전문 상담가로 참여할 수 있는 학교 운영위원회의 다른 전문가들에 관해 어떠한 제안을 해 줄 수 있는가

학교장은 대단히 바쁜 사람임을 명심하고 그(그녀)의 시간을 최대한 잘 활용해야 할 것이다. 당신이 잘 준비할수록 그 만남은 더 생산적이고 성공적이게 될 것이다.

관리팀은 얼마나 자주, 어디에서 만나야 하는가

성공적인 개입 프로그램을 위해서는 관리팀이 정기적으로 만나야 한다. 각각의 회의 때에 관리팀은 진척 상황을 살피고, 문제를 해결하며, 개입 프로그램의 다음 단계를 계획한다. 가능하다면 각각의 회의에 모든 관리팀 구성원들이 참여할 수 있도록 해야 할 것이다. 하지만 학교 구성원들의 바쁜 일정을 고려할 때 몇몇 구성원이 참여할 수 없는 상황도 종종 발생할 것이다. 우리는 당신과 팀 간사가 모든 회의에 참여하기를 권한다. 팀 간사는 회의 시작 전에 관련 정보를 수집하고 회의에 참여하지 못한 팀 구성원들과 회의 결과를 공유함으로써 참여하지 못한 학교 구성원들과의 연락책 역할을 할 수 있을 것이다.

회의의 빈도

개입의 초기 단계에서는 프로그램의 계획과 많은 수정이 필요할 것이다. 이 시기에는 회의가 보다 자주 소집되어야 할 것이다. 예를 들어,

제이슨 관리팀의 경우에는 초기에 한 달에 두 번씩 만나기로 했고, 카렌 관리팀의 경우에는 한 달에 네 번씩 만났다. 일단 개입이 적정 궤도에 오르고 아이가 지속적으로 개선되어가면, 회의는 한 달에 한 번보다 덜 자주 소집될 수 있을 것이다. 지리적인 문제로 월별 회의를 열지 못한 경우에는 당신과 간사 간의 정기적인 전화 연락이 개입을 정상적으로 진행할 수 있도록 도울 수 있을 것이다. 이러한 점검을 통해 당신은 제기되는 문제를 해결하고, 개입 프로그램을 수정하며, 개선이 더딜 경우 팀의 노력을 보조할 수 있을 것이다.

팀 회의의 장소

관리팀 회의들은 학교에서 개최되는 것이 바람직하다. 참석하는 학교 구성원들을 위한 실무상 이점뿐만 아니라 학교라는 상황이 계획 세션 동안 아이디어들을 자극할 수 있다. 가능하다면 아이의 실제 교실에서 팀 회의를 진행하길 바란다. 아이가 대부분의 시간을 보내는 (그리고 가장 말하기를 주저할 가능성이 높은) 장소에서 회의를 함으로써 관리팀 구성원들이 아이의 일상의 경험들에 대한 이해도를 높일 수 있게 될 것이다. 교사와 학생들이 앉게 되는 방의 구조와 학생들이 할 수 있는 활동들을 알게 되는 것은 개입 프로그램을 계획하고 조정하는 데 있어 창의성을 자극할 수 있다. 이는 또한 관리팀 구성원들이 아이의 학급 과제 사례(예를 들어, 그림, 글쓰기 또는 산수 과제 등)를 손쉽게 볼 수 있고 아이의 학습 능력에 대해 평가할 수 있도록 도와준다.

연습 5.3 정기적 팀 회의 조정

첫 번째 팀 회의 시에 당신의 노트 및 일정표를 가져가기를 바란다. 팀과 함께 만날 수 있는 시간들과 얼마나 자주 만날 수 있는지 생각해 보라. 초기 계획 단계와 아이가 급속하게 개선되는 동안에는 적어도 매월 2회 이상 만나는 것이 이롭다는 점을 기억하기 바란다. 그 이후에는 월별 미팅도 효율적일 것이다. 하루의 언제가 팀 구성원들에게 가장 좋은가? 학교 구성원들에게는 종종 수업 시작하기 전 아침이나 점심시간 또는 방과 직후에 만나는 것이 가장 좋다. 그러한 시간에 맞추어 당신의 일정을 조정할 수 있는가? 모든 경우가 가능하다면 학교 구성원들이 선호하는 시간에 맞추기 바란다. 몇 달은 사전에 회의 일정을 조정할 수 있도록 하여(예를 들어, 2개월간 격주로, 월요일 오후 3시 30분) 모든 사람이 정기적으로 시간을 비워 둘 수 있도록 노력하기 바란다. 노트에 개입 계획을 위해 정해진 모든 회의의 날짜, 시간 및 장소를 적어 두기 바란다.

6. 개입의 첫 단계는 무엇인가

이 장의 목표

- 어떻게 하면 학교가 아이에게 긍정적인 경험이 될 수 있는가
- 어떻게 하면 교실에서의 아이의 자리 변경이 학교생활 동안 말하는 가능성을 높일 수 있는가(불안을 감소시킬 수 있는가)
- 아이의 학교에 대한 안정 수준(불안 수준)을 어떻게 평가하는가
- 교사가 아이의 학교에서의 안정 수준(불안 수준)을 어떻게 평가하는가

아이의 학교 경험을 긍정적으로 바꾸기

관리팀이 이제 구성되었으니, 당신은 아이를 위한 학교 중심 개입의 첫 번째 단계를 계획할 준비가 되었다. 아이에게 대화 사다리를 소개하고, 점진적으로 올라갈 수 있도록 도와주기에 앞서 아이로 하여금 준비할 수 있도록 당신이 할 수 있는 몇 가지가 있다. 아이가 가장 많은 어려움을 느끼고 있을 학교라는 공간에서 많은 작업이 이루어진다는 점을 고려할 때 당신은 아이가 학교 전반에 관해 가능한 한 긍정적이고 안도감을 느낄 수 있도록 보장하고 싶을 것이다. 다음은 당신과 나머지 관리팀이 아이가 자신의 학교 경험에 관해 편안하고 긍정적으로 느낄 수 있도록 돕는 방법에 관한 우리의 제안이다.

학교 활동에의 참여 독려하기

아이가 현재 특정 학교 상황(또는 다른 장소)에서 말하는 것을 불편해할 수 있다는 사실에도 불구하고 당신과 관리팀은 가능하다면 아이가 적어도 비언어적으로 참여할 수 있도록 독려할 필요가 있다. 그것은 아이가 비언어적 방법으로 모든 학급활동에 완전하게 참여할 수 있도록 독려되고 또 기대되어야 한다는 것을 의미한다. 교사들은 아이가 말이 필요 없는 교실 청소를 책임질 수 있도록 할 수 있을 것이다. 예를 들어, 2학년인 크리스토퍼는 수업을 시작하기에 앞서 책과 종이를 나누어 주는 것을 부탁 받았다. 3학년인 제시카는 매일 칠판에 날짜를 기재하는 것을 부탁 받았고 때때로 교사로부터 교무실까지 노트를 가지고 가는 심부름 역할을 부여 받기도 하였다.

또한 가능하면 아이가 과외활동에 참가할 수 있도록 해야 할 것이다. 예를 들어, 크리스토퍼는 학교 놀이에서 비언어 역할을 하였고, 제시카는 운동팀에 참여했다. 방과 후 활동에 참여함으로써(현재 단지 비언어적인 것이라 할지라도) 아이는 자신의 진정한 능력을 급우들과 선생님들에게 보여 주게 될 것이다. 학교 활동에의 적극적 참여는 말하는 것이 수반되지 않더라도 성취감과 더 큰 자신감 및 자존감을 가질 수 있게 한다. 이러한 것들은 아이에게 중요한 경험들이며, 종종 편안하고 자신감 있게 말하기 위한 사다리에 있어서 첫 번째의 필수적 단계라고 할 수 있다.

연습 6.1 학교 참여 독려하기

관리팀의 도움으로 아이가 말을 하지 않고도 참여할 수 있는 학교 활동에 대한 자유토론을 해 보기 바란다. 학교에서 제공될 수 있는 더욱 구조화된 추가 커리큘럼과 함께 아이가 교실에서 부담하게 될 책임들에 대해 생각해 보기 바란다. 아이가 당장 시작할 수 있는 활동들과 나중에 할 수 있는 것들을 다음과 같이 구별하고 노트에 기록해 두기 바란다.

	비언어적 참가를 허용하는 활동들	시기
1	교실 : 동료 학생들에게 자료 나눠주기	지금 : 매일
2	교실 : 교사의 전달사항을 교무실로 가져오기	지금 : 수시로
3	학교 전반 : 교내 배구	겨울기간

이 점을 기억하기 바란다. 그 목적이 학교에서 말하는 것을 요구하지 않는 긍정적인 경험을 전달해 주기 위한 것이지 한꺼번에 너무 많은 새로운 경험들로 아이를 당황하게 만드는 것이 아니라는 것을 말이다.

지역 활동 참여 독려하기

부모로서 당신은 아이가 동네에서 과외활동에 비언어적으로 참여하도록 독려할 수 있을 것이다. 당신은 아이를 운동팀, 댄스 교실, 음악 레슨에 등록시킬 수 있을 것이다. 아이가 강사나 반 친구들에게 말할 때 편안하게 느끼는지 여부와 무관하게 과외활동은 아이에게 새로운 기술을 개발하고 숙달을 경험할 수 있을 것이다. 또한 동네에서의 과외활동은 아이가 보다 편안하게(학교와는 떨어져) 느낄 수 있는 환경에서 또래들과 상호작용할 수 있는 기회를 제공할 수 있을 것이다. 선택적 함묵증 아동들은 종종 학교에서 또래들과 말하기 전에 동네에서 말할 때 우선적으로 편안하게 느낀다.

연습 6.2 동네에서의 과외활동 계획

노트에 아이가 현재 참여하고 있고 과거에 즐거워했던 과외활동들의 목록을 만들기 바란다. 아이가 흥미를 가지고 있는 것처럼 보이는 활동들이나 현재의 흥미에 맞을 것처럼 보이는 것들을 추가하라. 그러한 활동들은 아이가 말하지 않고도 참여할 수 있는 것들인가? 아울러 각각의 활동을 하는 동안 아이가 상호작용하게 될 아동들에 대해서도 생각해 보기 바란다. 아이가 다니는 학교 친구나 반 친구들도 등록했는가?

목록이 만들어지면, 아이가 즐거워하는 활동들, 말하지 않고도 편안하게 참여할 수 있는 활동들 및 아이에게 학교 친구들과 시간을 보낼 수 있도록 해 주는 활동들을 구별해 볼 수 있는가? 아이는 학교에서보다는 우선적으로 학교 밖이라는 상황에서 학교 친구와 얘기하고 싶어할 것이라는 점을 기억하기 바란다. 같은 반 친구를 과외활동을 통해 정기적으로 만나는 것은 아이가 학교 친구들과 더욱 편안하게 상호작용할 수 있도록 하는 훌륭한 방법이 될 것이다.

다음의 예는 제시카의 부모가 제시카를 위해 가능한 범위에서 작성한 과외활동들이다. 제시카의 부모들은 제시카가 학교 바깥에서 반 친구들과 상호작용할 수 있는 가장 좋은 기회로 걸스카우트를 지적했다.

	과외활동	내 아이가 말하지 않고 참여할 수 있는가?	학교 또는 반 친구들 또한 참여하고 있는가?
1	수영 강습	예.	아니요.
2	축구	예.	예. 1살 많은 학교 친구.
3	걸 스카우트	예.	예. 두 명의 반 친구들.

압박감 해소하기

아이에게 말하기에 대한 과도한 압박감을 부가하는 것을 피하는 것이 중요하다. 부모나 교사들은 아동이 불가피하게 충족시킬 수 없는 말하기 요구를 해서는 안 될 것이다. 예를 들어, 한 교사가 짝꿍에게 속삭이는 것조차 편안하게 생각하지 못하는 제시카에게 학생들 앞에서 질문에 대답하도록 하는 것은 전혀 도움이 되지 않는다. 부모로서 당신 또한 아이가 맞설 준비가 되지 않은 상황에서 말하도록 요청하고 싶은 유혹을 피해야 한다.

이와 같이 아이가 준비되어 있지 않을 경우 상이나 벌을 주는 것은 아이가 말하도록 하는 데 도움이 되지 않을 수 있다. 당신은 멀리 있는 친척에게 말하도록 하기 위해 아이에게 상을 주겠다고 해 본 적은 없는가? 어쩌면 당신은 아이가 말을 할 수 있도록 도와주는 것이 너무 절박했기 때문에 아이에게 진전이 없으면 일정한 혜택을 잃을지도 모른다고 말했을 수도 있을 것이다. 교사는 아이가 과제물에 대해 단지 몇 마디만 한다면 추가 점수를 주겠다고 제안했을 수도 있다. 예를 들어, 크리스토퍼의 경우 교사는 크리스토퍼가 피자의 날에 참가 신청을 하기 위해 교사에게 직접 이야기를 해야 한다면 크리스토퍼에게 말하기를 유도할 수 있을 것이라 생각했다. 이러한 종류의 보상들은 그것들이 시기적으로 혹은 상황적으로 적절했다면 종종 아동들에게 매우 효과적인 동기부여가 될 수 있다. 하지만 보상이 부적절한 시기에, 부적절한 방법으로 제공되는 경우에는 개선이 지체되거나 아이로 하여금 말하는 것을 더욱 불안하게 만들 수도 있다.

우리는 왜 당신의 아이를 걱정하는 어른들이 아이가 공포를 직면하도록 조금씩 나아가기를 갈망하는지 충분히 이해하고 있다. 올바른 동기를 가지고 있다면, 아동이 문제를 빨리 극복하도록 사람들이 바라는 것은 당연한 일이다. 그것이 간단한 경우에는 말이다. 압박감, 보상의 제안, 말하지 않는 것에 대한 부정적 평가, 아이를 말하도록 하여 놀라게 하려는 시도 등은 엄청난 불안감의 근원이 되고, 문제를 더 복잡하게 만들 수도 있다. 아동에게 말하게 하기 위한 압력이 성공적이지 못할 경우 아동으로 하여금 그 상황(예를 들어, 다른 사람이 있는 경우)과 불안을 연계시키고, 아이의 말하는 공포를 더 악화시킬 수도 있다.

말하도록 하는 압력 시나리오나 위장된 보상은 아이가 피하려고 하는 상황이 될 수 있다. 아이는 강요된 상황을 피할 때마다 예상되는 불안을 경험하지 않은 것에 안도감을 느낄 것이다. 이러한 회피 행동 유형은 강화되고 실제로 아이는 보상과 관련된 말하는 상황을 대면하지 않게 될 가능성이 높다. 아이에게 상을 주겠다는 것으로 성공적인 말하기를 유도한 적이 있는가? 아니면 아이가 보상과 관련된 상황을 아예 피하려고 한 적이 있는가? 이 책의 후반부에서 아이가 말하기 사다리에서의 매우 도전적인 단계로 진입하고자 할 때 보상이 사실 얼마나 중요한 부분인가에 대해 설명할 것이다. 하지만 그것들을 이용하는 것은 그것들이 단지 압박의 원천이 아닌 동기부여로서 기능할 수 있을 때 이루어질 수 있도록 매우 조심스럽게 계획되어야 할 것이다.

공개적인 보상을 사용하지 않는다 할지라도 무심코 아이에게 말하도록 압박할 수 있다는 것에 유의해야 한다. 우리는 종종 아이가 그날 같은 반 친구나 교사들에게 이야기를 했는지를 학교가 끝날 때 의도적으로 물어보는 부모들이 있다는 얘기를 듣는다. 이러한 것이 당신이 부모로서 획득해야 할 매우 중요한 정보임에도 불구하고, 이를 아이와의 방과 후 대화의 주된 주제로 만드는 것은 추가적인 압박으로 해석될 수 있다. 우리 경험에 따르면 대체로 선택적 함묵증 아동들은 학교에서 말할 때 편안함을 느끼고 싶어 한다. 그들은 "네, 제가 했어요!"라고 대답하고 싶어 한다. 하지만 현실적으로 아동이 그러한 단계에 이르기까지는 많은 단계를 거쳐야 한다. 그 대신 관리팀 구성원이나 아이가 전형적으로 말하지 않는 상황을 관찰할 수 있는 다른 어른으로부터 아이의 진전에 관한 보고를 듣는 것은 어떠한가. 최소한으로 당신과 아이와 함께 작업하는 다른 어른들은 아이가 말하도록 압박을 느끼지 않도록 주의할 필요가 있다. 아무리 잘 의도했다고 하더라도 말하도록 압박을 가하는 것은 아이의 말하기에 대한 공포를 오히려 증폭시킬 수 있다.

교실 환경 구성

아이의 교실에서의 자리를 조정하는 것은 학교생활 동안 아이의 일반적인 안정감 수준을 높이고 말하기와 관련된 불안감을 줄이는 데 간단하게 실행할 수 있는 전략이 될 수 있다. 선택적 함묵증 아동들은 종종 다른 학생들과 비공식적인 상호작용의 기회가 있을 때 더욱 빨리 자신감 있는 말하기 단계로 나아가게 된다. 개입의 초기 단계 동안에는 또래들과의 상호작용은 비언어적일 수 있다. 하지만 시간이 흐를수록 이러한 비언어적 상호작용은 자연스럽게 말하기로 이어지는 관계를 형성하는 데 도움이 된다. 아이와 친한 급우들과 관련된 좌석 배치와 교실의 일반적 구조는 아이의 일반적인 안정 수준에 중대한 영향을 미치고 또래간의 상호작용을 필요로 하는 기회들을 증가시키며 궁극적으로 말하기를 유도할 수 있다.

아이를 위한 가장 좋은 자리를 선정하기 위해 담임교사와 상의해 보기 바란다. 다음은 선정을 할 때 고려해야 할 것들이다.

짝꿍의 선정

1학년 이상인 경우, 아이는 일상의 대부분을 교실에서 보낼 가능성이 높다. 담임교사의 좌석 배치표에 따라 아이는 책상 줄이나 책상들을 모은 그룹에 앉게 될 수도 있다. 교실 배치표가 어떤지와 무관하게 아이를 좋아하는 아이 옆에 앉게 하는 것이 좋을 것이다. 특히 개입의 초기 단계에 있어서는 당신은 아이가 우정을 형성하고 학교에서 또래들과 상호작용하는 것을 편안하게 느낄 수 있도록 원하게 될 것이라는 점을 상기하기 바란다. 만약 아이가 배정 받은 자리에 흥미가 없다면, 아이는 공통의 관심사를 덜 공유하게 되고 비언어적 상호작용이나 대화도 덜 하게 될 것이다. 좋은 짝꿍의 후보자로는 아이가 편안하게 생각하거나 방과 후에 다정하게 얘기하거나 자신의 친구라고 지목하는 또래들이 될 수 있을 것이다.

가장 중요한 것은 아이가 이미 학교에서나 동네에서 말하고 있는 아동이 있는지 여부를 확인하는 것이다. 예를 들어, 2학년인 올리비아(7세)는 학교 친구 중 하나인 리사와 함께 지역 레크리에이션 센터에서 수영 수업에 참석한다. 학교에서 올리비아는 어떤 친구에게도 말하지 않지만, 올리비아 엄마는 수영 수업 동안에 리사에게 속삭이고 키득대는 것을 목격했다. 최근에 올리비아는 리사가 집에 와서 함께 놀아도 되는지에 대해서 묻기도 했다. 올리비아의 수영 친구는 가장 훌륭한 학교 짝꿍이 될 수 있을 것이다. 4학년인 벤(9세)의 경우, 휴식시간에 운동장에서 몇몇의 친구들에게 이미 말하기 시작했고, 체육관에서의 신체활동 수업시간에는 한 소년에게 속삭이는 것으로 알려졌다. 교실에서 현재의 두 여학생 대신에 벤 옆에 그 소년을 앉게 하는 것을 어떻게 생각하는가?

교실에서 아이의 좌석의 위치

지금까지 물리적인 장소가 아이의 일반적 안정 수준(또는 불안 수준)에 어떻게 영향을 미치는지에 관해 얘기했다. 교실에서의 규칙적인 일상 동안 물리적인 장소에 관해서 그와 동일한 원칙이 적용된다. 예를 들어, 아이는 더욱 사적인 공간일수록 또래에게 말을 시작할 가능성이 높고 자신의 감정을 안정시키고 덜 불안해할 가능성이 높다.

교실의 뒷좌석에 앉기

아이를 대부분의 학생들의 뒤편인 교실의 뒷자리에 앉힘으로써 프라이버시를 보호하고 불안감을 줄일 수 있을 것이다. 이러한 종류의 자리배치는 아이로 하여금 교실의 다른 누구에게 보이지 않거나 들리지 않고서도 다른 아동에게 얘기할 수 있도록 해 줄 수 있다. 아이의 프라이버시를 증대시킴으로써 아이는 반 친구들로부터 덜 눈에 띄게 되고 결과적으로 자신이 대체로 말하지 않는 상황에서 말하는 경우 관심의 대상이 되지 않을 수 있다. 우리는 종종 선택적 함묵증 아동이 처음으로 말을 하는 것이 목격되었을 때 이를 교실에 알리는 열정적인 아동에 대해 많은 이야기를 들은 바 있다. 이러한 공표가 선의이고 완전히 피할 수는 없는 것이라 할지라도 아이가 자신의 선택적 함묵증을 극복하기 위해 한걸음을 내딛었을 때 그와 같은 가능성을 줄이는 것이 바람직할 것이다. 다른 학생들의 예상되는 반응은 아이의 불안이나 인식된 압박의 또 다른 원천이 될 수 있다. 따라서 아이가 교실의 모든 이로부터 관찰되지 않도록 하는 자리에 앉을 수 있도록 하는 것이 최선이다.

교실 출입문으로부터 떨어져 앉기

아이가 반 친구들과 더욱 은밀하게 상호작용 할 수 있는 기회를 보장하기 위해서는 아이의 자리와 출입문과의 관계가 어떠한지도 평가해 보아야 한다. 많은 교사들은 적어도 학교생활의 일정 시간 동안은 교실문을 열어 둔다. 그러나 교실 문이 닫힌 상황에서 학급 지시가 이루어지더라도 쉬는 시간, 점심시간 및 수업 종료 후 가방을 챙기는 동안 교실 문 근처에서는 다양한 왕래들이 일어난다. 만약 아이의 자리가 출입문 근처라면 아이의 프라이버시나 일반적 안정 수준은 교실이나 복도에서의 왕래와 구경꾼들에 의한 인지된 위험에 의해 감소하게 될 것이다. 일과 중 바쁜 시간 동안에도 아이에게 더욱 많은 프라이버시를 제공해 줄 교실에서의 자리가 있는가?

담임교사로부터 떨어져 앉기

아이의 가장 좋은 교실에서의 자리를 결정함에 있어서는 당신과 관리팀이 담임교사의 전형적인 자리를 고려해야 한다. 만약 아이가 교사들보다 반 친구들을 더욱 편안하게 생각한다면 이는 특히 중요하다. 아이를 교사가 전형적으로 가르치는 장소(예를 들어, 칠판)나 교사의 책상으로부터 멀리 떨어져 앉힘으로써 불안을 감소시키고 또래와의 자연스러운 대화의 가능성을 높일 수 있다. 만약 아이가 학교에서 아이들보다 어른들과 같이 있을 때 더욱 편안하게 느낀다면, 아이를 교사와 가까이 앉히는 것도 중요하다.

책상이 놓인 방향

아이의 책상 위치를 살펴보는 것과 그 책상의 실제 방향을 고려해 보는 것도 도움이 될 수 있다. 이는 아이가 교실의 전면을 바라보는 1인용 책상이 아니라 단체 좌석에 앉아 하루를 보내는 경우에 더욱 관련이 있다. 우리는 선택적 함묵증 아동들이 대화 상대를 직접 대면하고 있지 않을 때 먼저 말을 하는 것에 가장 편안함을 느끼는 경향이 있다는 사실을 발견했다. 왜 그렇다고 생각하는가? 우리는 아동이 눈을 마주치지 않을 때 말하는 것이 더 쉽기 때문일 것으로 생각한다. 선택적 함묵증 아동들이 말하는 것을 타인이 듣거나 보는 것에 대한 특별한 공포를 경험하고 있다는 점을 상기하기 바란다. 본질적으로 자신이 직접 쳐다보고 있지 않은 사람과 얘기함으로써 아이는 타인에게 보이거나 들리지 않을 수 있는 것이다. 이는 새로운 상황에서 처음 말을 하게 되는 아동에게 어느 정도 불안 야기를 감소시키는 방법이 될 수 있을 것이다.

단체 책상에 앉은 경우 우리는 대개 아이가 가장 말할 가능성이 높은 또래 친구를 옆에 앉히도록 권한다. 처음에는 아이가 반대편의 반 친구에게 말하기보다는 바로 옆에 앉은 친구에게 기대거나 속삭일 가능성이 높다. 아이가 바로 옆 친구에게 말하는 것을 편안하게 느끼게 된다면, 그와 같은 신뢰적 대화 상대를 책상 건너편에 있는 상대방으로 옮겨 가고 자신의 옆에 있는 새로운 또래로 확대하는 데 도움이 될 것이다.

연습 6.3 좌석 배치에 관해 배운 것을 적용하기

좌석 배치가 아이가 말할 때의 안정 수준에 어떻게 영향을 미치는지에 관해 당신으로 하여금 고려하게 한 것과 마찬가지로 당신이 배운 그러한 일반적 원칙을 적용해 보자. 당신이 기억할지도 모르지만, 올리비아(7세)는 2학년인데 성적이 좋고 또래들에게 인기도 있다. 현재까지 올리비아는 학교에서 어른이나 아이들과 말하는 데 불편을 느끼지 않고 있다. 그녀의 담임인 벨은 종종 교실에서 흑칠판을 이용하고 학생들이 자습을 하는 동안 자신의 책상에 앉아 있는 경향이 있다. 여기에서 당신은 교실 배치에 관한 다이어그램을 볼 수 있을 것이다.

올리비아의 담임교사는 네 개의 학생 책상들을 서로 마주보게 하여 배치시키고 있다는 점을 상기하기 바란다. 그 외에 올리비아의 책상이 놓인 것에 관해 무엇을 알 수 있는가? 좌석의 호환성, 교사와 교실문과 그녀 자리와의 관계 그리고 더욱 중요하게는 프라이버시 요소를 생각해 보기 바란다. 당신은 올리비아로 하여금 편안하게 느끼고 다른 사람들과 이야기할 수 있는 기회를 증진시키는 다른 종류의 선택을 생각해 볼 수 있겠는가? 노트를 꺼내 당신의 생각을 적어 보기 바란다. 그리고 당신의 제안과 올리비아 관리팀이 발전시킨 계획을 비교해 보기 바란다.

물론 다양한 선택이 가능하겠지만, 올리비아의 관리팀이 그러한 선정을 할 때 고려한 요소들은 다음과 같다.

- 올리비아는 수영 교실에 함께 참여하고, 이미 다른 상황에서도 속삭이며 말을 하고 있는 리사 옆에 앉게 된다면 교실에서 이야기를

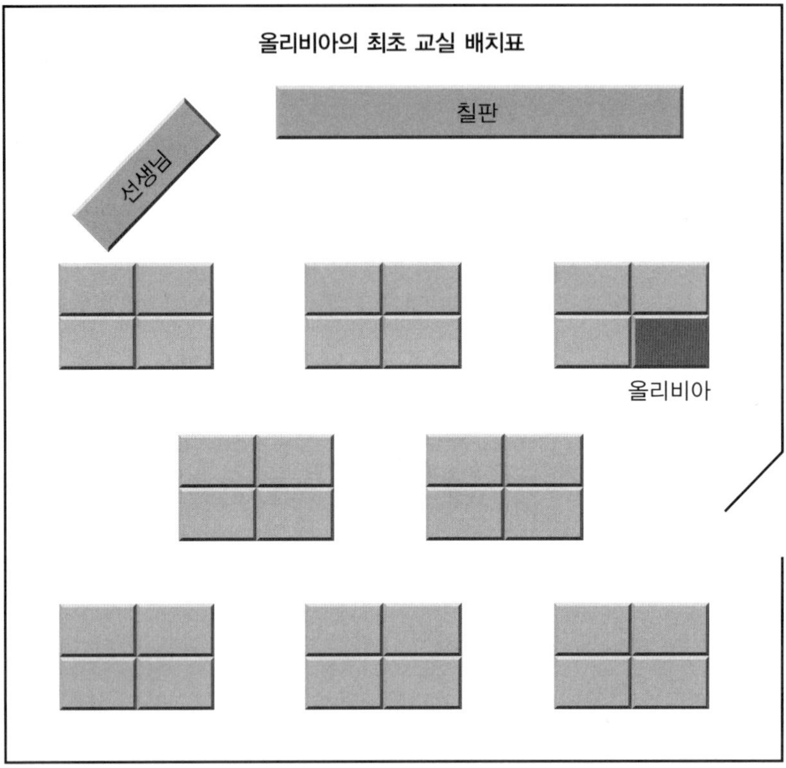

할 가능성이 더욱 높아질 것이다. 우선적으로 관리팀은 리사가 올리비아 옆에 앉도록 결정했다. 올리비아가 교실에서 리사 옆에 앉아 편안하게 말할 수 있게 된다면 리사는 올리비아의 맞은편으로 옮기고 다른 또래 친구가 올리비아의 바로 옆에 앉을 수 있을 것이다.

- 최초 배치에서 올리비아는 교실의 앞자리에 앉았었고 그곳에서는 옆 친구에게 속삭이는 것도 나머지 반 친구들에게 보일 수 있었다. 관리팀은 이를 대체하여 올리비아가 교사를 등지면서 앉을 수 있

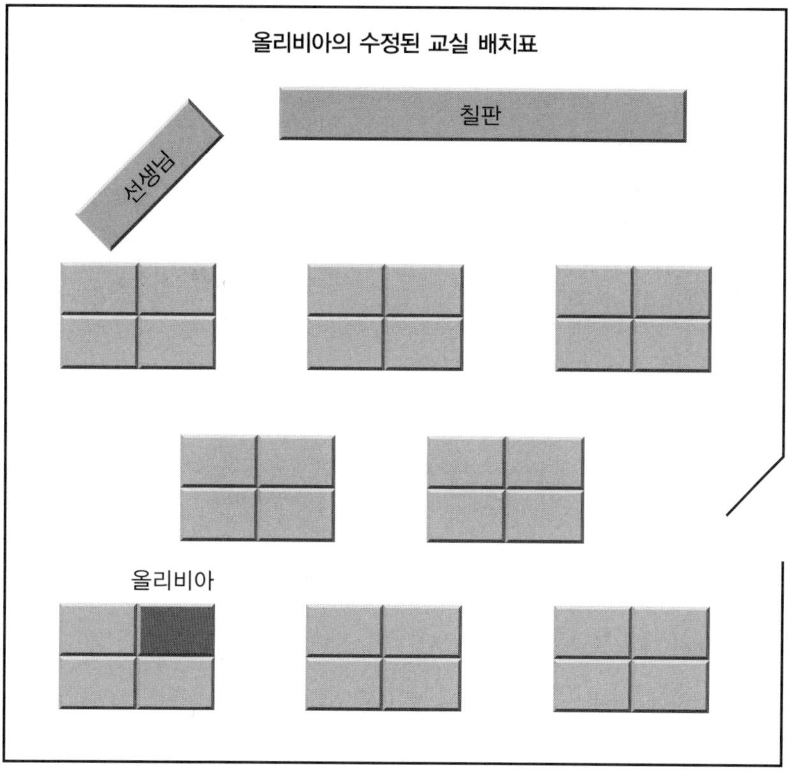

는 교실의 가장 뒷자리에 앉을 것을 제안했다.

- 올리비아는 처음에 교실 출입문과 복도 근처에 앉았다. 관리팀은 올리비아가 교실의 반대편에 앉으면 더욱 편안하게 느낄 것이라고 제안했다. 결과적으로 올리비아의 프라이버시가 개선되고 학생들의 왕래가 올리비아의 말하는 기회를 방해할 가능성이 적어지는 것이다.
- 벨 선생님은 대체로 교실의 앞에서 수업을 진행하고 학생들이 자습을 할 동안에는 자신의 자리에 앉아 있었다. 올리비아가 특별한

학습장애가 없는 강한 학생이라는 점을 고려하여 관리팀은 올리비아가 선생님으로부터 멀리 떨어져 앉을 때 더욱 편안하고 안락하게 느낄 것이라고 제안했다. 올리비아가 벨 선생님을 매우 좋아하고 벨 선생님도 따뜻하고 친근한 사람임에도 불구하고 올리비아의 학교에서 말하는 것에 관한 불안은 교사가 있는 경우에는 증가할 가능성이 있다.

당신의 생각은 이와 비슷한가?

연습 6.4 최적의 좌석 배치 찾아내기

당신은 더욱 편안하게 상호작용하고 또 말할 수 있는 가능성을 증대시키는 자리 배치를 어떻게 할 것인가에 관해 생각해 볼 기회를 가졌으니 이제 아이에 대해 생각해 볼 차례이다. 노트를 꺼내기 바란다. 만약 당신이 아이의 교실 배치를 잘 모른다면 담임교사에게 자리 배치에 대해 질문할 목록을 만들기 바란다. 어디가 아이가 앉은 자리인가? 누가 아이 옆에 앉는가? 교사는 교실에서의 대부분의 시간을 어디에서 보내는가? 당신이 이미 이러한 질문에 대한 답을 가지고 있다면 아이의 현재 자리 배치에 관해 평가해 보기 바란다. 현재 자리는 아이가 또래에게 말할 때 가장 많은 프라이버시를 제공하고 있는가? 아이가 다른 사람들과 얘기하기 위한 안정 수준을 극대화할 수 있는 자리를 생각해 볼 수 있겠는가?

아이의 현재 자리를 관리팀, 특히 담임교사와 논의해 보기 바란다. 만약 다른 자리의 위치가 더욱 적절하다면 담임교사가 기꺼이 아이의 자리를 옮겨 줄 수 있을 것인가? 자리를 변경시킴에 있어서는 다른 종류의 학습 욕구를 반드시 고려해야 한다. 마지막으로 관리팀이 아이의 자리 배치의 이점에 대해 모니터할 필요가 있다는 점을 기억하기 바란다. 자리의 변경은 학년이 진행되고 아이가 학교에서 더욱 편안하게 말할 수 있게 됨에 따라 더욱 도움이 될 것이다.

아이의 학교에서의 안정 수준 평가하기

더욱 더 완전하게 학교에 참여하고 말하기에 대한 부적절한 압력이 사라짐에 따라 아이는 학교 환경에서 더욱 편안하게 느낄 수 있을 것이다. 아이가 학교생활을 즐기는 것처럼 보일 수도 있을 것이다. 예를 들어, 제시카의 엄마는 제시카가 매일 매일 학교에 가기를 더욱 바라는 것을 발견하였고 때로는 수업시간에 배운 것을 들떠서 얘기하는 것을 목격하기도 했다. 선생님들 또한 아이가 더 많은 학교 활동에 참여하고 비언어적 의사소통(예를 들어, 지시하기나 다른 제스처)이 교실에서 증가하고 있음을 알 수 있을 것이다. 크리스토퍼의 교사는 아이가 자신의 가까운 급우들과 더욱 많이 상호작용하고 웃고 자신을 표현하기 위해 사물을 지칭하는 것을 목격했다. 이러한 관찰 결과는 아이의 일반적 안정 수준이 증가하였고 학교와 관련된 불안이 감소되고 있음을 나타낸다. 선택적 함묵증 아동들은 자신들이 경험하지 못한 장소에서 말을 하기 전에 그 환경에서 안정되고 편안하게 느끼는 것이 우선적으로 필요하다.

아이의 안정 수준의 변화는 진전의 중요한 지표이지만 그것들은 매우 미묘해서 쉽게 알아차릴 수 없다. 적어도 개입 프로그램의 초기 단계에 있어서는 다양한 환경에서의 아이의 안정 수준을 관찰하고 꼼꼼하게 추적할 필요가 있을 것이다. 당신은 아이가 불안감 없이 상황을 경험할 수 있는 정도의 안정 수준에 대해 생각해 볼 수 있을 것이다. 아이가 불안할 때 그것이 어떤 것인지를 아는 것은 불가능함에도 불구하고 주의 깊게 아이의 행동을 관찰하면 많은 것을 알 수 있을 것이다. 아이가 불안할 때 아이는 더욱 위축되고 신체적으로 부자연스럽고 경직되는 것처럼 보일 수 있다. 아이가 더욱 편안하게 느낄수록 아이가 불안해하거나 회피적이 될 가능성은 적어질 것이다. 당신과 아이의 담임교사는 학교에서의 매일 매일의 활동을 관찰함으로써 아이의 안정 수준을 평가해 볼 수 있을 것이다.

연습 6.5 아이의 일상적 활동에서의 안정 수준 평가하기

- 노트를 꺼내 아이의 다양한 학교 관련 상황에서의 안정 수준을 측정하고 기록하기 위한 일지를 만들어 보기 바란다. 우선 당신이 아이를 주기적으로 관찰하는 학교 관련 시나리오 목록을 만들어라. 당신은 아침에 학교 가기 위해 준비하는 것, 학교를 향해 출발하는 것, 운동장에 도착하는 것 또는 숙제를 하는 것 등과 같은 활동들을 포함시킬 수 있을 것이다. 그러고 난 뒤, 각각의 활동 옆에 아이가 얼마나 편안하게 느끼는지(얼마나 불안해하는 것과 대조하여) 기록할 공간을 만들어라. 우리는 당신이 각각의 행동에 대해 관련

된 안정을 나타내는 척도를 사용하기 바란다. 당신의 기록표는 표 3과 유사해질 것이다.

- 적어도 프로그램의 초기에는 당신이 일주일에 한 번씩 일지를 채워 넣길 바란다. 만약 그동안 특정 활동이 발생하지 않는 경우에는 여타의 관찰에 비추어 아이가 어떻게 반응했을지를 추측할 수 있을 것이다. 많은 부모들이 아동들의 일상적인 학교 관련 불안 수준을 조정하는 매우 유용한 방법이라고 생각한다. 일부 부모들은 또한 학교 일상에서의 변화(예를 들어, 새로운 교사에 대한 적응이나 방학 이후 학교로 돌아가기 등)가 아동들의 일반적인 불안 수준에 영향을 미치는지를 추적하는 데에도 매우 유용하다고 생각하고 있다. 선택적 함묵증 아동들이 일상에의 변화를 더욱 두려워하고 잠재적인 불안의 원천을 만들어 내는 기질을 가지고 있다는 점을 기억하기 바란다. 아이가 일상의 변화에 적응하는 데 어려움을 느끼고 있는 것처럼 보이는가? 그러한 경우 아이가 학교에 대해 더욱 주저하게 된다는 것을 인식한 적이 있는가?

당신이 관찰하여 체계적으로 기록한 내용은 정기적인 팀 회의 때에 다른 팀 구성원들과 공유될 수 있다. 교사들이나 다른 교직원들은 아이가 학교에 있는 동안의 안정 수준에 대한 생각을 가질 수 있지만 그들 역시 아이가 학교 밖에서의 학교 관련 활동들에 있어서 어떻게 반응하는지에 대해 아는 것도 도움이 될 것이다. 아이의 함묵증의 정도에 따라 당신은 이러한 종류의 일지를 개입의 전반에 걸쳐 사용하거나 꼭 필요한 시기에 제한적으로 사용할 수도 있을 것이다. 예를 들어, 크리스

표 3 일상 생활에서의 안정 수준 : 부모 일지

상황	극도로 불안	매우 불안	불안	중간	안정	매우 안정
학교 가는 날 일어나기						
학교 가는 날 옷 입기						
학교 가는 날 아침 먹기						
학교로 출발하기						
운동장에 도착하기						
교실로 들어가기						
방과 후에 집으로 돌아오기						
숙제하기						
학교생활에 대해 부모와 얘기하기						
잠자기 준비하기						

표 4 일상 생활에서의 안정 수준 : 교사 일지

상황	극도로 불안	매우 불안	불안	중간	안정	매우 안정
책상에서 조용히 과제하기(수학, 조용히 읽기 등)						
교실에서 비언어적 과제 수행하기(예를 들어 달력 바꾸기, 날씨표 지적하기 등)						
교실에서 의견 발표하기 또는 그 외 말하기 활동하기						
언어적 반응이 불필요한 교사의 질문에 대답하기(예를 들어, 지적하기)						
다른 아동들과 소그룹 활동하기(예를 들어, 수예)						
교실에서 다른 아동들에게 말하기						
말하는 동안 다른 사람들에 의해 관찰되기(예를 들어, 아동이 말하는 동안 또래 친구가 쳐다보기, 또래 친구와 얘기할 때 교사가 쳐다보기)						
말하는 동안 다른 사람들에 의해 듣기(예를 들어, 학교에서 부모에게 얘기할 때 또래 친구들이 엿듣기, 또래 친구에게 말하는 것을 교사가 엿듣기)						
쉬는 시간에 다른 아동들과 놀기						
점심						
집에 갈 준비하기						

토퍼의 엄마는 아들이 학교생활을 함에 있어 많은 어려움이 있다는 사실을 알고 매주 학교 주변에서의 그의 안정 수준에 관한 미세한 차이를 추적하는 것이 중요하다고 인식했다. 반면에 제시카의 부모는 제시카가 교사에게 말하는 데 어려움이 있음에도 불구하고 항상 학교생활에 대해 긍정적임을 발견하였다. 그리하여 제시카의 부모는 프로그램의 초기에 일지를 사용하였고 이후에는 그녀의 일상(예를 들어, 방학이나 질병 이후에 학교로 돌아가는 것 등)이나 개입 계획에 중요한 변화가 있는 경우에 그것을 이용하였다.

연습 6.6 교사의 안정 수준 관찰

- 당신의 다음 번 관리팀 회의 시 교사가 아이의 학교에서의 안정 수준을 기록하기 위해 사용할 수 있는 유사한 일지를 만들어 보기 바란다. 우선 교사가 학교에서 정기적으로 아이를 관찰할 수 있는 학교 관련 시나리오 목록을 만들기 바란다. 교실과 학교의 다른 장소에서의 비언어적 및 언어적 상황을 포함시키도록 하라. 아이의 학년과 교실에서의 일상 활동에 따라 교사일지는 아이의 일상적 학교 경험에 대한 유일한 교사일지가 될 것이다.
- 그 다음 각각의 활동 시에 아이가 얼마나 편안하게(얼마나 불안해하는 것과 대조하여) 느끼는지를 기록할 수 있는 공간을 만들어라. 비교적 목적을 위해 연습 6.5에서 부모를 위한 일지를 위해 고안된 동일한 기준을 사용하는 것이 유용할 것이다. 일지에 무엇이 포함되어야 할지에 관해 팀이 결정한 뒤에 교직원이 사용할 수 있도록

마지막 초안을 만들어라. 아이의 안정 수준을 추적할 수 있는 교사 일지는 표 4의 경우와 유사해질 것이다.

아이가 집에서보다 학교에서 덜 편안하게 느낄 것이라는 점을 고려할 때, 관리팀이 아이의 현재 안정 수준에 관한 무언가를 밝히기 위한 학교 관련 활동들의 목록은 쉽게 만들 수 있을 것이다.

- 담임교사에게 일주일에 한 번씩 일지를 채워줄 것을 부탁하라. 만약 그 기간 동안 어느 하나의 활동이 발생하지 않을 경우에는 교사가 다른 관찰에 기초하여 그 상황에서의 아이의 안정 수준을 추측해 볼 수 있을 것이다. 한 가지 팁을 알려 주면, 몇몇 교사들은 아이를 학교에서 정기적으로 관찰할 수 있는 다른 교직원들의 관찰(예를 들어, 체육교사나 점심시간 모니터 등)을 살펴보는 것이 유용할 것이라고 생각할 수 있다. 만약 아이가 나이가 있고 순환 교실 수업을 듣는 경우 몇몇 교사들에게 다양한 교실 상황에서의 안정 수준을 측정하는 방법으로 일지를 작성하도록 할 수도 있을 것이다.

아이의 안정 수준에 대한 기초 관찰이 개입의 초기에 도움이 될 수 있음에 반해, 교사의 일지는 개입 전반에 관해 아이의 개선에 관한 지속적인 정보를 제공할 수 있을 것이다. 진전은 미미하고 아이가 모든 상황에서 일시적으로 편안하게 말하게 될 가능성은 적기 때문에 아이의 안정 및 불안 수준에 관해 일정기간 동안 지속적으로 평가하는 것이 진전을 관찰하는 중요한 방법이 되는 것이다.

7. 대화 사다리를 어떻게 구성할 것인가

이 장의 목표

- 다양한 말하는 상황 속에서 아이의 안정 수준에 영향을 미치는 요소인 활동, 장소 및 사람의 중요성에 대한 검토
- 각각의 요소(활동, 장소 및 사람)에 대한 개별적인 사다리를 어떻게 만드는지와 각각의 사다리에 있어서 어떠한 단계가 우선되어야 하는가
- 활동, 장소 및 사람 사다리를 조합하여 학교에서 말하기 위한 완전하고 통합적인 사다리 구성하기

제3장에서 우리는 한 개인이 자신의 공포와 맞서는 법을 배우기 위한 방법으로 노출이라는 개념을 소개한 바 있다. 두려운 경험을 회피하는 대신 자신을 불안하고 불편하게 만드는 상황에 스스로를 노출시키는 것이다. 이러한 훈련을 통해 사람은 훗날 유사한 상황에 놓였을 때 대부분 덜 불안하게 되는 것이다. 노출은 모든 종류의 공포에 효과가 있는 강력한 도구이며 이는 말하는 공포를 극복하고자 하는 아동에게도 매우 유용하다. 우리가 제4장에서 언급하고 있는 것처럼 점진적인 노출은 프로그램의 중요한 부분인데 당신은 그것을 이 장에서 알게 될 것이다. 매우 근소한 단계에서 아이에게 점점 더 도전적인 상황 속에서 말하는 것을 연습할 수 있는 기회가 주어질 것이다. 세심하게 계획된 상황들의 연속을 단계적으로 밟아감으로써 아이는 점점 새롭게 획득한 말하는 자신감을 새로운 상황으로 이전시킬 수 있을 것이다. 학교에서 말하는 것을 편안하게 느끼게 하기 위해 노력할 때 선택적 함묵증 아동들이 전형적으로 밟게 되는 단계에 관해 당신이 읽은 제1장을 재고해 보기 바란다. 이러한 단계들을 아이의 대화 사다리의 일반적 단계들로 생각해 볼 수 있을 것이다.

그렇다면 당신은 아이에게 맞는 사다리 단계를 어떻게 찾아낼 것인가? 이 책에서 이미 읽었겠지만, 어려움을 가진 아동들에게는 종종 공통된 특징을 찾을 수 있다. 그러나 선택적 함묵증 아동들은 각각이 개별적인 존재라는 점을 기억하기 바란다. 이러한 이유로 대화 사다리는 아이의 말하는 공포의 특성에 맞추어져야 할 것이다.

아이가 성공적으로 오를 수 있는 대화 사다리를 만들기 위해서 당신은 창의적이고 신중하게 계획을 세울 필요가 있다. 아이에게 적합한 사다리를 만들기 위해서 초기 계획을 세울 때 관리팀과 함께 작업할 필요가 있다. 이는 다가오는 관리팀 회의의 중요한 의제가 되어야 할 것이다. 학교 구성원들은 아이가 편안하게 말하는 것을 가장 어렵게 생각하는 학교에서의 연습 기회를 구체화하는 데 특히 도움이 될 것이다.

활동, 장소 및 사람의 영향력에 대한 재검토

제2장에서 우리는 상황에 따라 아이의 말하는 패턴이 어떻게 달라지는지에 대해 이야기한 바 있다. 당신은 아마도 아이가 매우 불안해하면서 말하는 상황 또는 심지어 말을 할 수 없는 상황에 대해 알고 있을 것이다. 당신 스스로에게 질문해 봐야 하는 것은 왜 그러한 차이가 존재하는가라는 것이다. 우리의 경험에 비추어 볼 때, 우리는 특정한 상황에서 선택적 함묵증 아동이 편안하게 느끼거나 덜 편안하게 느끼는 것을 결정하는 경향이 있는 세 가지 요소를 발견했다. 그것은 같이 있는 사람, 물리적 장소와 환경 및 그때 발생하는 활동이다. 이러한 세 가지 요소들은 말할 필요가 있는 다양한 상황 속에서 변화한다. 예를 들어, 당신은 아이가 놀이시간에 반 친구(사람 요소)가 놀러 왔을 때, 집이라는 사실에도 불구하고(장소 요소), 아이가 즐겨 하는 놀이임에도 불구하고(활동 요소) 놀랍게도 매우 조용하다는 것을 발견할 수 있을 것이다. 유사하게 당신은 아이가 학교(장소 요소)에서 걸으면서(활동 요소) 당신에게(사람 요소) 말할 때 더욱 조용하다는 것을 발견할 수도 있다. 말하는 장소가 어디인지와 무관하게 각각의 요소들은 어느 정도 아이가 의

사소통하고자 할 때의 안정 수준에 영향을 미친다. 각각의 요소가 달라짐에 따라 아이의 말하기와 관련된 기회들을 규명함으로써 당신과 관리팀은 아이가 학교에서 말하는 것을 저해하는 불안의 장벽을 극복해 나가는 데 도움을 주는 대화 사다리를 구축할 수 있을 것이다.

대화 사다리 구축 시작하기

아이가 말할 때 가장 많은 불안을 느끼는 공간이 학교라는 사실을 고려하여 이 장에서는 학교에서의 말하는 공포를 극복하기 위한 사다리를 구축하는 데 도움을 주는 것에 초점을 맞추도록 하겠다. 제8장에서는 당신과 관리팀이 학교에서 대화 사다리를 올라가는 것을 어떻게 도와줄 수 있는지에 대해 알게 될 것이다. 제9장에서는 노는 날이나 동네에서의 과외활동들에 있어서 말하는 공포를 극복하는 것을 도와주는 대화 사다리를 어떻게 구축할지에 대해 알게 될 것이다.

자, 이제 시작하자. 이제부터 당신은 아이의 학교에서의 말하기 사다리에 관한 단계들을 구체화하는 것을 도와주는 일련의 연습을 하게 될 것이다. 당신이 관리팀과 학교 기초 사다리를 마무리해야 함에도 불구하고 당신은 아이에 대해 알고 있는 것을 기초로 하여 스스로 그 일부를 생각해 볼 필요가 있다. 다음의 연습을 완료하기 위해 당신은 아이의 현재의 말하기 안정 수준 단계에 대한 평가(제1장으로부터)와 당신의 완성된 말하기 상황 평가 기록표(연습 3.4)를 참고할 필요가 있다. 또한 당신은 노트를 꺼내 아이의 대화 사다리에 대한 가능한 단계에 관해 떠오른 생각들을 적어 둘 필요가 있을 것이다.

대화 사다리를 위한 단계의 구체화

활동, 장소 및 사람이라는 세 가지의 요소들은 각각 대화 사다리 각 단계의 일부분으로 고려될 수 있다. 이러한 요소들의 결합을 증대시키는 것이 어려울 경우에는 각각의 요소들을 개별적으로 생각해 보는 것이 최선이다. 필수적으로 당신은 각각의 요소를 위한 별개의 사다리를 만들고 그것들을 결합시킬 수 있을 것이다. 당신은 같은 원칙을 당신이 구축한 각각의 사다리에 적용할 수 있을 것이다. 우선 아이가 속삭이는 정도의 말을 하는 상황에서 시작해 보라. 그 다음에 아이에게 점점 도전적인 동일한 요소들의 변화를 구체화하기 바란다. 사다리 각각의 단계 사이의 차이(또는 거리)는 완전한 이행(errorless transitions)이 가능할 정도로 충분히 적어야 한다. 새로운 단계를 접할 때 아이는 미세한 불안감의 증가를 경험할 가능성이 높고 아마도 말하기의 질을 변경(예를 들어, 말하는 수준이나 크기를 낮추는 것)하게 될 것이다. 하지만 그러한 단계가 충분히 적은 것이라면 아이는 사다리의 다음 단계에 도달하기 위해 지속적으로 말하게 될 것이고 한걸음씩 다음 단계로 실수 없이 나아갈 것이다.

활동 사다리 만들기

말하는 상황을 특징짓는 세 가지 사다리 유형 중 활동 사다리가 선택적 함묵증 아동들이 가장 빠르게 올라가는 것 중 하나이다. 아이의 활동 사다리에 어떠한 유형의 활동을 포함시킬 것인지를 결정함에 있어 다음과 같은 몇 가지 기본적인 개념들을 고려해야 할 것이다.

활동하는 중의 일반적 안정 수준

아동이 활동에 참여할 때 얼마나 편안하게 느끼는지 고려하라. 다시 말해 아이가 그러한 활동을 하면서 시간을 보낼 때 얼마나 편안해 보이는가? 당신이 아이가 말하는 공포에 성공적으로 맞설 수 있기를 바란다면, 아이가 편안하고 안정감을 느끼는 활동부터 시작할 필요가 있다. 일반적으로 아동은 자신이 잘할 수 있는 익숙한 활동에 참여할 때 가장 편안하게 느낀다. 예를 들어, 선택적 함묵증을 가진 던젤(8세)은 컴퓨터 게임과 스포츠에 매우 능했다. 알리(6세)는 그림을 그리거나 채색을 하면서 시간을 보내는 것을 좋아했다. 아이는 집에서 자신의 여가 시간에 무엇을 하기를 원하는가? 아이가 가장 자주 선택하는 활동이 즐거운 것으로 선택될 가능성이 높다. 아이가 일정한 활동을 즐겨 하고 또 주기적으로 그것으로 시간을 보낸다면 아이는 그러한 활동을 하는 동안 더욱 편안하고 자신감을 갖게 될 것이다.

신체 활동 ● 대부분의 공포나 불안의 경우와 마찬가지로 선택적 함묵증 아동들은 종종 불안하거나 긴장될 때 신체적으로 경직된다. 근육이 경직되는 경우에는 신체적(또는 정신적)으로 편안해지기기 어렵다. 당신의 근육이 긴장된다면, 신체적으로(또한 정신적으로도) 안정감을 느끼기 어려울 것이다. 따라서 일반적으로 근육의 긴장을 줄여 주는 활동들은 전체적인 안정감과 편안함을 증진시킬 수 있을 것이다. 아이가 운동과 같은 신체적 활동을 좋아한다면 당신은 목록에 일정한 체육 활동을 추가하는 것을 고려할 수 있을 것이다. 예를 들어, 던젤은 농구와 야구를 좋아했다. 하지만 아이가 신체적 활동에 끌리지 않거나 신체적으로 조절되어 있지 않다면 이러한 활동들에 참여를 요구 받는 아이는 더욱 긴장되고 경직될 수 있다. 알리의 경우가 그러했다. 알리는 작은 동작과 손을 사용하는 데에는 능숙했지만 큰 동작이나 발로 축구공을 차는 데에는 어려움을 겪었다. 그녀는 자신감이 낮고 스스로의 능력에 대해 불안해했기 때문에 신체적 조절이 필요한 운동이나 활동들을 회피하고 싶어 했다.

학습 활동 ● 대부분의 선택적 함묵증 아동들에게 있어 학교 경험의 측면은 그러한 상황에서의 말하기와 연계되어 있다. 그렇다면 크게 읽거나 산수 요소를 재검하는 것과 같은 학습적 활동이 불안을 야기하는 요소라고 보는 것이 합리적이다. 아이가 읽기를 잘하고 산수에 능통하더라도 이러한 종류의 활동들은 말할 때 불안감을 증폭(안정감을 감소)시킬 수 있다. 아이가 이러한 학교에서의 활동들을 편안하게 생각하는 것이 중요함에도 불구하고, 당신은 학습 활동들을 아이의 활동 사다리의 높은 단계로 유보해 둘 필요가 있다. 물론 당신은 아이가 천부적으로 재능이 있는 능력에 관해 생각해 볼 필요가 있을 것이다. 당신 아이가 읽기를 잘하는지, 수학이나 과학에 자신감이 있는지 등등. 그리고 물론 이러한 활동들을 당신 아이에게 얼마나 편안하게 느껴지는지(불안을 유발하는지)에 따라 순위를 매겨 둘 필요가 있을 것이다.

활동에 수반되는 말하기의 정도

확실하게 일정한 활동들은 다른 활동들보다 말하기를 더욱 독려할 수 있다. 예를 들어, 던젤의 경우 비디오 게임을 할 때에는 게임 자체에만 집중하고 대화를 달가워하지 않았다. 반면에 젊은 예술가인 알리는 자신이 그린 그림에 대해 다른 사람들과 얘기하는 것을 즐거워했다. 당신이 활동 사다리에 포함될 가능한 활동 목록을 작성함에 있어서 그러한 활동이 어느 정도의 말하기를 수반하게 되는지 고려하기 바란다.

일반적으로 당신은 낮은 수준의 말하기 요구 활동(제한된 말하기를 요구하는 활동)을 사다리의 초반으로 고려해야 할 것이다. 당신 아이에게 폐쇄 질문(한 단어로 답변이 가능한 질문)을 하는 것이 낮은 수준의 말하기 요구 활동의 한 예가 될 수 있다. 아이가 비밀 물건을 방에서 고르는 것과 같은 아이 스파이(I Spy)와 같은 게임도 낮은 수준의 말하기 요구 활동의 예가 될 수 있을 것이다.

중간 수준의 말하기 요구 활동은 보다 많은 구두화가 수반되지만 대본이 있거나 예상 가능한 언어에 의지할 수 있는 과제가 포함될 수 있을 것이다. 크게 숫자를 세거나 1년의 날짜를 인용하거나 그림 이름을 말하거나 다른 문장을 완성하거나 단지 간단한 내용을 크게 읽는 것과 같은 것도 중간 수준의 말하기 요구 활동이 될 수 있을 것이다.

높은 수준의 말하기 요구 활동은 아이가 낮은 수준의 말하기 활동들에 익숙해지고 난 뒤에 연습하게 될 마지막 단계이다. 높은 수준의 말하기 활동의 예로서는 보다 긴 답변이 요구되는 공개 질문에 대해 답변하는 것이 포함될 수 있다. 다른 예로서는 아동이 시작하는 대화, 애매하고 도전적인 질문에 답변하거나 특정 주제에 대한 의견을 크게 공유하기 등을 들 수 있다. 높은 수준의 말하기 활동들은 종종 아이에게 있어서 보다 긴 구두 답변과 보다 큰 위험의 감수를 수반한다는 사실을 명심하기 바란다. 다시 말해, 아이의 말하기가 내용적 측면에서 보다 제한이 없어지고 의견에 구애 받게 된다는 것이다. 아이가 구두로 답변하고 그러한 활동에 참여하는 올바른 유일한 방법이라는 것은 존재하지 않는다. 만약 당신이 아이의 활동 사다리에 무엇을 추가해야 할지에 관해서 어떠한 영감을 찾고 있다면, 『선택적 함묵증 리소스 매뉴얼』(Johnson & Wintgens, 2001)을 참고하기 바란다. 이 책에는 아이가 즐겁게 노는 동안 말하기를 독려할 수 있도록 고안된 창의적인 활동 목록이 포함되어 있다.

연습 7.1 활동 사다리를 위한 활동 목록 만들기

노트나 노트북을 꺼내기 바란다. 아이가 학교에서 말하고 노는 것을 연습하는 데 도움이 될 수 있는 활동들의 목록을 적어 보기 바란다. 아이가 때때로 집에서 여가 시간에 선택하는 활동들에 대해 고려하는 것을 기억하기 바란다. 아이에게 신체적 활동이 좋은 선택인지에 대해 생각해 보고 학습 형태의 활동은 사다리의 후반부에 포함시키도록 하라. 활동들에 대한 좋은 생각을 놓치지는 않았는가? 다른 관리팀 구성원들도 목록에 추가할 수 있는 좋은 생각을 가지고 있을 수 있다는 점을 잊지 말기 바란다. 학교에서 아이가 참여할 수 있는 활동들이 도합 10가지에서 15가지 정도에 이르는지 살펴보라. 그리고 다음의 표와 유사한 표를 이용하여 각각의 활동이 독려하는 말하기의 정도를 살펴보고 순위를

활동내역		얼마나 말하기를 자극하는가?			
		전혀	별로	약간	많이
1	집에서 자주 하는 보드게임 하기			×	
2	공받기 놀이하기		×		
3	짧은 이야기책 크게 읽고 짧게 답하기				×
4					

매겨라. 요약된 우리의 예에서 언급된 것보다 많은 활동들에 대해 여유를 남겨 두기 바란다.

당신의 활동 목록은 어떻다고 생각하는가? 당신과 관리팀은 말하기를 자극하는 정도에 차이가 나는 다양한 활동들을 고려할 수 있었는가? 당신의 순위에 기초하여 활동 사다리를 건설하게 될 다음 연습을 위해 당신의 목록을 사용하기 편하게 바로 곁에 보관하기 바란다.

연습 7.2 활동 사다리 구축하기

모든 활동들이 말하기를 자극하는 수준에 대한 평가가 끝나면 당신은 아이의 활동 사다리의 순서에 맞추어 단계를 조정할 수 있을 것이다. 활동 사다리에 나타나야 할 활동들의 순서를 기록하기 위해 당신의 노트를 사용하라. 첫 번째 단계는 아이가 이미 편안하게 할 수 있는 활동(말하기가 덜 수반되는 활동들)이 될 수 있도록 하고 마지막 활동들은 학교 유형 활동들(보다 강력한 말하기가 요구되는 활동들)과 가장 유사할 것이다. 가능한 한 빨리 관리팀을 만나 아이의 사다리 활동의 일반

표 5 던젤의 활동 사다리

1	바깥 운동장에서 농구하기
2	던젤이 대개 집에서 하는 보드게임 하기 및 간단한 언어적 반응 요하기
* *	
8	던젤에게 이야기 읽어 주기 및 폐쇄 질문하기(예를 들어, 개 이름은 뭐지?)
9	던젤에게 이야기 읽어 주기 및 개방식 질문하기(예를 들어, 이야기의 다음에는 뭐가 일어날 거라 생각하니?)
10	던젤에게 짧은 이야기를 크게 읽도록 하고 폐쇄 질문에 답하도록 하기
11	던젤로 하여금 짧은 이야기를 크게 읽도록 하고 개방식 질문에 답하도록 하기(예를 들어, 이 이야기에서 가장 좋아하는 인물은 누구니? 왜 그렇게 생각하니?)
12	학습 활동을 하면서 던젤과 개방식 대화하기(예를 들어, 예술 작품을 만드는 동안 자유롭게 얘기 나누기)

적 순서에 구성원들이 동의하는지 알아보기 바란다.

표 5는 던젤의 활동 사다리 중 초기 또는 마지막의 몇 가지 활동들의 예이다.

장소 사다리 만들기

활동 사다리를 만들었다면, 이제 아이의 말하기 장소 사다리에 대해서 생각해 보자. 제1장으로 돌아가면, 물리적 장소는 종종 아동들이 말할 때 어떠한 편안함을 느끼는지 영향을 미치는 요소라는 점을 소개한 바 있다. 이것의 가장 단순한 예는 학교에서 말할 때의 아이의 안정 수준과 집에서 말할 때의 그것을 비교하는 것일 것이다. 아이가 집에서 보다 편안해 하고 보다 자유롭게 얘기하는 것은 매우 명백할 것이다. 학교 상황에서와 마찬가지로 아동이 말할 때의 자신감에는 차이가 있을 수 있다. 아이의 장소 사다리에 학교 공간을 포함시킬지를 결정할 때 당신은 선택적 함묵증 아동들 대부분이 학교에서는 보다 은밀하고 교실과 시각적으로 다르며 말하기 요구와 관련되어 있지 않은 상황에서 먼저 얘기할 것이라는 점을 고려해야 한다.

프라이버시 요소에 대한 고려

선택적 함묵증 아동의 대부분은 자신이 말하는 것을 타인이 듣거나 보는 것에 대한 특별한 공포로 인해 막대한 고통을 경험한다. 따라서 대화 사다리의 초기 단계를 아이가 학교에서 말하는 것이 관찰되거나 엿들을 수 없도록 구성하는 것이 합리적이다. 아이가 학교에서 말할 때 보다 덜 관찰되고 엿들을 수 있거나 방해 받는 장소에 대해 생각해 본 적이 있는가? 예를 들어, 몇몇 아동들은 번잡한 복도보다 도서관의 구석을 보다 은밀한 장소라고 생각할 수 있을 것이다. 학교 건물 내에 보다 조용하고 학생들이나 교직원들의 왕래가 적은 장소들이 있을 수 있다. 당신은 아이의 학교 배치표에 대해 익숙한가? 이것은 학교 교직원들(관리팀의 구성원으로서)이 아이를 위한 개입 프로그램을 계획하는 데 도움이 될 수 있다는 것을 보여 주는 또 다른 좋은 예이다. 아마도 교직원들은 설비실, 간호실 또는 정기적으로 사용되지 않는 교실을 알고 있을 것이다.

왕래가 많은 방들의 경우에도 프라이버시 수준은 달라질 수 있다. 예를 들어, 책선반이나 움직이는 부분은 방의 나머지 부분으로부터 그 공간을 차단할 수 있다. 앉아 있는 방의 구조에 따라 아이가 인식하는 프라이버시 수준은 증가되거나 감소될 수 있다. 바깥 복도를 볼 수 있는

(그리고 다른 사람들도 안을 쳐다볼 수 있는) 도서관 문 옆에 아이가 앉아 있다고 상상해 보라. 그리고 문으로부터 먼 도서관의 뒤쪽 구석에서 등지고 앉아 있는 아이를 상상해 보라. 어느 상황에서 아이가 보다 편안하게 느낄 것이라고 생각하는가? 당신은 아마 두 번째 상황이 첫 번째 상황보다 첫 대화를 더 유도하는 상황이라는 데 동의할 것이다.

아이가 자신의 사다리를 올라가는 동안, 당신은 프라이버시 요소에 대해 생각해 볼 수 있을 것이다. 어떻게 하면 아이가 학교에서 보다 도전적인 상황에 직면할 수 있도록 조금 덜 은밀한 물리적 장소를 만들 수 있을 것인가? 대개 닫혀 있는 문이 잠시 열려 있을 수 있을 것인가? 아이는 자신이 복도를 볼 수 있는 교실의 앞자리에 가까운 책상에서 숙제를 할 수 있을 것인가? 여기에서 당신은 당신의 창의성과 교직원들의 융통성에 의해서만 제한 받을 뿐이다.

비교실 장소와 참신한 장소 찾기

아이는 처음 입학했을 때부터 학교에서 말하는 상황에서의 불안과 연관되어 있을 가능성이 높다. 다시 말해 학교에서 말해야 하는 압력을 경험할 때마다 아이는 그 상황(활동, 장소 및 연관된 사람들)과 불안감이라는 즐겁지 못한 감정을 연결시켜 왔을 것이다. 또한 실제 교실이라는 공간은 아이가 말하기에 대해 가장 많은 불안감을 경험했을 공간일 가능성이 높다. 아이의 사다리를 위한 장소에 대해 생각할 때 교실과는 다른, 특히 달리 보이는 장소를 먼저 고려하기 바란다. 교실과 다른 장소로서의 가장 좋은 예는 운동장이다. 아이의 교실과 달리 구성된 방을 생각해 볼 수 있는가? 아마 체육관, 음악교실 또는 사용하지 않는 회의

실이 아이의 첫 번째 장소 사다리로 선택될 수 있을 것이다. 또한 실제 교실과 물리적으로 떨어진 장소에 대해서도 고민해 보기 바란다. 교실로부터 멀리 떨어지면 떨어질수록 아이는 그 상황에서 말하는 것을 더욱 편안하게 느낄 것이다.

상대적으로 학교 내에서의 새로운 장소 또한 아이의 장소 사다리의 첫 번째 단계로서 좋은 선택이 될 수 있다. 만약 그 상황에서 이전에 시간을 보내지 않았다면 아이가 그 장소를 말하기 압력과 연관시키지 않을 가능성이 있다. 관리팀 구성원들이 아이의 일상 동안 전형적으로 시간을 보내지 않는 장소를 찾아내는 데 도움을 줄 수 있는가?

연습 7.3 사다리를 위한 장소 목록 만들기

노트를 꺼내기 바란다. 학교에서 아이가 편안하게 말하는 것을 연습하면서 안전하게 시간을 보낼 수 있는 장소 목록을 기재하라. 더 조용하고 프라이버시 수준이 높은 장소를 우선적으로 생각해 보기 바란다. 교실과 유사하지 않은 학교 공간과 아이에게 상대적으로 새로운 장소를 생각해야 한다는 점을 상기하라. 학교 공간 중에서 대략 10~15개의 다른 장소가 검토되었는지 보라. 다른 팀 구성원들이 당신의 목록을 추가할 수 있는 좋은 아이디어가 있다는 사실을 잊지 말기 바란다.

당신의 장소 목록은 어떻게 보이는가? 당신과 관리팀이 프라이버시, 참신성 및 일반적인 교실과의 유사성 측면에서 다른 다양한 장소를 검토할 수 있었는가? 활동 사다리에서 한 것과 마찬가지로 당신은 다음 연습을 위해 장소 목록도 가까운 곳에 두어야 할 것이다. 계속 읽어 보자.

연습 7.4 장소 사다리 구성하기

당신이 모든 장소에 대해 그들이 제공하는 프라이버시 수준, 교실과의 유사성의 정도, 얼마나 참신한지 등에 대해 평가를 끝냈다면 이제 아이의 장소 사다리를 순서에 따라 정렬할 수 있을 것이다. 이 사다리 정렬을 위해 당신의 노트를 이용하기 바란다. 초기 단계는 아이가 현재 편안하게 말할 수 있는 장소이어야 하고(단지 속삭인다고 할지라도) 실제 교실에서의 상황으로 마무리하기 바란다. 가능한 빨리 관리팀을 만나 당신이 선택하고 순서를 정한 아이의 장소 사다리에 관해 동의하는지 확인하기 바란다.

표 6은 알리의 장소 사다리에 관한 초기 및 후기의 몇 가지 단계이다.

표 6 알리의 장소 사다리

1	운동장
2	도서관 뒤편 구석
3	도서관 중간
4	도서관 앞쪽, 문 옆
* *	
8	휴대용 칠판이 있는 교실 뒤편 구석, 알리는 칠판을 등지고 있기
9	휴대용 칠판이 있는 교실 뒤편 구석, 알리는 칠판을 마주하고 있기
10	휴대용 칠판이 없는 교실 뒤편 구석, 알리는 칠판을 등지고 있기
11	휴대용 칠판이 있는 교실 뒤편 구석, 알리는 교실에서 앞을 바라보기

사람 사다리 구성하기

학교 공간을 위한 대화 사다리를 구성함에 있어 마지막으로 고려해야 할 요소는 사람이다. 이는 종종 선택적 함묵증 아동이 올라가는 데 가장 힘든 사다리로 평가된다. 아이가 말해야 하는 사람이 변화하는 것은 활동이나 장소가 변화하는 것보다 훨씬 힘든 것이다. 그래서 선택적 함묵증 아동들이 동일한 사람과 관련되어 활동과 장소 사다리를 오른 뒤에 새로운 사람과 시작해야 하는 것이다.

제1장에서 언급한 바와 같이 선택적 함묵증 과반수의 아동들이 학교에서 자신의 부모에게 처음으로 얘기하게 된다. 다음으로 선택적 함묵증 아동들은 자신들의 또래들에게 얘기하게 된다. 그 다음에는 많은 학교 친구들과 얘기하는 것을 연습한 뒤, 학교의 어른들과 얘기할 준비를 하게 되는 것이다. 그러고 난 후에도 아동은 종종 사람 사다리(아마 부모 자원봉사자, 학생 교사, 행정 교직원 그리고 마침내 자신이 편안하게 느낄 때 담임교사)를 거쳐 간다. 아동은 예상되는 말하는 압력과 덜 관련된 어른들과 먼저 얘기하게 된다. 물론 아이가 또래들보다 교직원들을 더욱 편안하게 느끼는 것처럼 보이면, 동일한 원칙이 다른 순서에 따라 적용될 것이다. 아이는 학교에서 다양한 어른들과 얘기를 나눈 뒤 편안하게 말하는 능력을 자신의 반 친구들에게로 확장시킬 수 있을 것이다.

연습 3.4에서 당신은 아이가 모든 다양한 상황에서 현재 말하고 있는 사람들을 확인하는 말하기 상황 평가 기록표를 완성한 바 있다. 당신의 완성된 일지를 찾아 지금 검토해 보라. 만약 아이가 자신의 선택적 함묵증을 극복하지 못했다면, 당신은 아이가 자신의 삶에서 편안하게 얘기하는 매우 짧은 사람들의 목록을 발견하게 될 것이다. 직계 가족과 동네에서의 몇몇 아동 및 어른들이 그 목록에 나타나 있을 수 있고, 반 친구들과 교직원은 없을 수 있다. 반면, 아이가 자신의 선택적 함묵증을 극복해 나가기 시작했다면 학교에서의 몇몇 사람들도 이미 그 목록에 들어가 있을 수 있을 것이다. 예를 들어, 아이는 운동장에서 반 친구에게 매우 작은 목소리로 가끔 얘기할 수 있고 대체 교사가 나타나면 "여기요."라고 속삭일 수도 있을 것이다.

연습 7.5 학교에서 가능한 대화 상대 목록 만들기

노트를 꺼내 제3장에서 한 연습을 찾아보기 바란다. 구체적으로 아이가 현재 얘기하고 있는 사람들의 목록과 말하기 상황 평가 기록표를 찾아보라. 이 정보를 가지고 아이가 가장 자주 얘기하는 사람으로부터 시작해서 순위를 매겨 보라. 사람 사다리는 대개 부모와 직계 가족 구성원으로 시작하게 된다. 다음으로 아이가 수시로 얘기하는 사람들의 목록을 만들어 보라. 예를 들어, 던젤의 경우 야구게임을 할 때 이웃의 소년들과 대화했고 알리는 댄스교실에서 몇몇의 소녀들과 대화했다. 마지막으로 아이가 현재 말하기를 꺼려하는 사람들의 목록을 만들어 보라. 담임교사가 대개 사다리에서 가장 불안을 많이 야기하는 사람이 되고 아이가 학교에서 편안하게 말하는 마지막 사람이 될 것이다. 잠재적 대화 상대(다시 말해 아이가 자신감을 가지고 말하는 연습을 할 수 있는 사람들)로서 각각의 사람들에 대해 생각해 보라.

목록이 만들어지면 학교에서 아이와 상호작용 할 수 있는 사람들을 찾아보기 바란다. 프로그램의 이 시점에 있어서 아이의 사다리를 학교 상황에 맞게 만들어야 하기 때문에 이는 중요한 작업이다. 아이가 식료품 가게 점원과 편안하게 얘기하는 것은 기록해 두어야 할 중요한 사실이지만 그 점원이 아이가 가장 어려움을 겪고 있는 학교에서 대화 상대가 되어 줄 수 있는 가능성은 희박하다. 지금으로서는 학교와 그 상황에서 아이가 얘기할 수 있는 사람들에게 집중하기로 한다.

다음은 알리의 부모에 의해 작성된 사람 목록 중 일부이다.

사람		이 사람은 학교에서 대화 상대가 될 수 있는가?		
		예	아니요	아마도
1	엄마와 아빠	×		
2	여동생			X(부모가 여동생을 학교로 데려올 수 있는가?)
3	할머니			×
4	재니(같은 춤교실에 등록)	×		
5	나단(이웃집 친구, 다른 학교를 다님)		×	
6	심슨 씨(보모)		×	

알리의 관리팀이 작성한 사람 목록에 대해 어떻게 생각하는가? 그것은 아이의 잠재적 대화상대로 추가하고 싶은 사람에 관해 아이디어를 주고 있는가? 연습 7.6에서 아이의 사람 목록을 작성할 때 필요할 것이니 사람 목록을 꺼내 놓기 바란다.

연습 7.6 사람 사다리 만들기

아이가 말하기 연습을 할 수 있는 사람들을 찾고 그들이 주기적으로 학교를 방문할 수 있는 가능성에 대한 평가를 완료했다면, 당신은 이제 아이의 사람 사다리의 순서를 정렬할 수 있게 되었다. 사람 목록을 기록하기 위해 당신의 노트를 이용하라. 이미 지적한 것과 같이 초기 단계에는 아이가 현재 편안하게 대화를 하는 사람들을 배치하고 그 후에 아이가 종종 대화하는 사람들로 옮겨 가라. 사다리의 마지막 단계의 사람들은 아이가 현재 대화를 하지 않는 사람으로 하라. 모든 가능성을 종합할 때, 담임교사가 아이의 사람 사다리의 최상위에 위치하게 될 것이다. 가능한 한 빨리 관리팀을 만나 당신이 선택하고 순서를 매긴 아이의 사람 사다리에 관해 동의하는지 확인하기 바란다.

표 7은 알리의 사람 사다리에 관한 초기 및 후기의 몇 가지 단계이다.

표 7 알리의 사람 사다리

1	엄마
2	아빠
3	여동생과 엄마 또는 아빠
4	할머니
5	재니
* *	
8	크리시티나(반친구)
9	헌터(반친구)
10	학교 사무총장
11	조교
12	담임 교사

활동, 장소 및 사람 사다리의 통합

아이의 활동, 장소 및 사람 사다리를 위한 기초 작업을 끝냈다면, 이제 그들을 학교에서 하나의 통일된 사다리로 통합하는 것을 고려할 수 있다. 이것이 아이의 대화 사다리가 될 것이다. 이를 행하는 방법은 다양하게 존재할 수 있다. 이 세 가지 사다리가 어떻게 통합되는지와 관계없이 대화 사다리 각각의 단계는 당신이 구체화한 활동, 장소 및 사람을 결부시키고 아이가 자신감을 가지고 말하기 연습을 할 수 있는 장소를 나타내는 학교에서의 말하기 시나리오를 표현할 것이다. 아이가 한 상황에서 편안하게 말할 수 있게 되면, 다음 단계로 옮겨 가도록 독려할 수 있을 것이다.

아이가 장소나 사람 사다리보다 활동 사다리를 보다 빨리 극복해 나갈 가능성이 높다는 점을 기억하기 바란다. 사람 사다리는 가장 오르기 힘들 것이다. 따라서 당신은 통합 사다리 초기의 몇 단계가 동일한 사람이 활동과 그 이후 장소를 변경하는 방법으로 통합되는 것으로 할 필요가 있을 것이다.

통합 사다리의 첫 훈련을 대화 사다리의 첫 단계를 위한 임시 계획으로 생각해 보기 바란다. 현실적으로 아이는 자신감을 가지고 말해야 하는 장소를 확대시키는 일련의 많은 단계를 밟을 필요가 있을 것이다. 후반부의 단계는 아이의 사다리를 올라가고 말하기에 대한 공포와 이를 극복해 나가는 능력에 대한 더 많은 정보를 얻음에 따라 조정될 필요가 있을 것이다. 예를 들어, 당신은 아이가 본질적으로 보다 학습활동에 바로 편안해지는 것(그것들이 학교의 은밀한 장소에서 이루어지는 한)을 발견할 수도 있을 것이다. 만약 아이가 학습 활동이 수반되는 상황에서 이야기를 할 수 있다면 집에서 놀이를 할 때 편안하게 말하는 초기 연습을 할 필요는 없을 것이다. 당신이 아이가 활동, 장소 및 사람 사다리를 시작할 필요가 있을 때 주의 깊게 판단해야 함에도 불구하고 아이 스스로 다음 단계로 옮겨 갈 준비가 되어 있음을 표현하게 될 것이다.

연습 7.7 통합 대화 사다리 개발하기

노트를 꺼내기 바란다. 아이의 활동, 장소 및 사람 사다리를 어떻게 통합시킬 것인지에 관해 배운 내용을 명심하고 아이의 통합 사다리의 첫 몇 단계를 구성할 수 있는지 보기 바란다. 각각의 단계를 아이가 편안하게 말하기 연습을 할 수 있는 학교 시나리오로 생각해 보기 바란다. 당신의 생각은 학교에서 발생할 수 있는 실무적인 문제들과 아이의 준비 정도에 따라 조정되어야 할 필요성이 높은 임시 계획을 나타낸다는 점을 기억하기 바란다. 가능한 빨리 관리팀을 만나 아이의 대화 사다리의 초기 단계의 적합성에 관해 동의하는지 확인하기 바란다.

표 8은 알리의 부모가 발전시킨 통합 대화 사다리의 초기 단계를 보여 주고 있다. 초기 단계는 활동과 장소의 변경에 중점을 두고 있고 사람은 동일하다는 점에 주목하기 바란다. 한 단계에서 알리는 활동이 자주 변경되고 장소는 어느 정도 늦게 변경되는 시나리오 속에서 말하는 연습을 하게 될 것이다. 알리는 각기 다른 활동과 학교에서의 장소에서 엄마와 대화하는 많은 연습을 하게 될 것이다. 알리가 거기에서 성공한

다면, 알리의 관리팀은 알리에게 유사한 활동 및 장소 사다리를 아빠와 함께 올라가 볼 수 있는 기회를 부여하게 될 것이다.

표 8 알리의 통합 사다리

단계	사람	장소	활동
1	부모와 알리	학교 운동장	운동장에서 함께 아이 스파이(I Spy) 놀이하기
2	부모와 알리	도서관 뒤쪽 구석	아이 스파이와 알리로부터 간단한 구두 답변을 요하는 보드게임 같이 하기
3	부모와 알리	도서관 중간	알리는 그림을 그리거나 색칠하기, 부모는 그림에 대해 간단히 물어 보기
4	부모와 알리	도서관 앞, 문 옆	알리는 그림을 그리거나 색칠하기, 부모는 이야기책을 읽어 주고 간단한 질문하기
5	부모와 알리	교실과 떨어진 복도 끝 장비실	부모가 이야기책을 읽어 주고 간단히 질문하기
6	부모와 알리	교실과 떨어진 복도 끝 장비실	부모가 이야기책을 읽어 주고 처음에 간단한 질문을 하고 나중에 더 많은 개방식 질문하기
7	부모와 알리	교실과 떨어진 복도 끝 장비실	부모가 이야기책을 읽어 주고 개방식 질문하기, 알리는 부모에게 이야기책 읽어 주기
8	부모와 알리	교실과 떨어진 복도 끝 장비실	알리가 부모에게 이야기책 읽어 주고 이야기에 대해 큰 소리로 얘기하기
9	부모와 알리, 수업 중 또는 방과 전후	교실 뒤 구석, 알리는 교실을 등지고	알리가 그림 작업을 완성하기, 알리로부터 간단한 구두 답변이 요구되는 보드게임을 같이 하기
10	부모와 알리	교실 뒤 구석, 알리는 교실을 등지고	알리로부터 간단한 구두 답변이 요구되는 보드게임을 같이 하기, 부모는 이야기책을 읽어 주고 간단한 질문하기
11	부모와 알리	교실 뒤 구석, 알리는 교실을 등지고	부모는 이야기책을 읽어 주고 개방식 질문하기, 만약 알리가 준비되어 있다면 부모에게 간단한 이야기책 읽어 주기

알리가 사람 사다리에서 가족 구성원들과 학교에서의 다양한 공간에서 편안하게 말하게 될 수 있을 때, 알리는 목록의 첫 반 친구와 그 과정을 다시 하게 될 것이다. 이러한 계획에 대해 어떻게 생각하는가?

아이의 대화 사다리에 대한 마지막 하나(또는 둘)의 조언

알리의 예에서 볼 수 있는 것과 같이 사다리의 각 단계는 매우 작고 점진적이다. 대화 사다리에는 많은 단계가 존재한다. 실제로 당신은 대화 사다리가 한 번에 한 사람과 연습하는 일련의 말하는 상황(활동 및 장소에 따라 달라지는)이라고 생각할 수도 있다. 두려운 학교에서 말하는 상황들은 불안을 덜 야기하는 상황에서 더 많은 불안을 야기하는 상황으로 전개되면서 점진적으로 극복되어 갈 것이다. 아이가 시도하는 매 시나리오마다 말하기만 한다면(적어도 속삭이기만 한다면) 아이는 자신감이 생길 때까지 그러한 말하는 상황을 연습할 준비가 되어 있는 것이다. 하지만 아이가 새로운 시나리오하에서 전혀 말을 할 수가 없다면, 즉시 보다 작은 단계를 사다리에 편입시키는 것이 중요하다. 당신은 아이가 사다리를 올라가며 미묘한 불안의 증가를 경험할 것을 예상할 수 있다. 결국 아이는 자신이 성공적으로 해낸 것으로부터 자신에게 힘든 것으로 옮겨 갈 것이다. 하지만 당신은 사다리의 단계가 아이의 말하기가 성공적으로 각각의 단계로 이전될 수 있도록 충분히 작게 구성해야 할 것이다. 당신은 너무 이른 단계에서 아이가 힘든 상황에 놓이는 것을 원치 않을 것이다. 그것은 아이에게 아주 고통스러운 것일 뿐만 아니라 아이에게는 자신이 경험한 더 많은 불안을 극복하는 데 추가적인 시간이 필요할 것이다.

앞서 언급한 바와 같이 아이는 작고 단계적인 과정을 거쳐 자신의 선택적 함묵증을 극복할 것이다. 하지만 아이의 성공을 보장하기 위해서는 관계된 모든 사람들의 보다 많은 인내심이 필요하다. 이에 대해 반드시 지켜야 할 엄격한 규칙은 없지만, 우리의 임상적 경험에 비추어 대화 사다리를 진행하고 있는 아동들은 그러한 조건을 극복하기 위해 1년 이상의 학교 기간이 필요한 것으로 보인다. 좋은 소식은 각 상황에서 자신감 있게 얘기할 수 있게 되면 아이는 그러한 시나리오와 연관된 통제할 수 없는 불안을 다시 느끼지는 않을 것이라는 것이다. 함묵증을 극복하기 위해 밟게 되는 각각의 작은 단계를 통해 아이는 말하는 성공을 쟁취해 나갈 것이다. 제11장에서 우리는 아이의 진전에 영향을 미치는 요소가 무엇인지에 대해 논의할 것이다.

만약 당신이 이 장을 읽고 점진적 노출과 한 상황에서의 자신감이 다른 상황으로의 이동, 그리고 대화 사다리에 대한 원칙을 이해할 수 있다면 대단히 축하할 일이다. 당신은 이제 이 책의 나머지 부분에서 중점을 두고 있는 개입 프로그램의 주된 요소에 대해 익숙해졌다고 볼 수 있다. 하지만 아직도 대화 사다리가 어떻게 구축되고 기능하는지 불명확하다고 하더라도 걱정하지 말기 바란다. 우리는 이 장에서 대단히 많은 정보를 제공했다. 대화 사다리가 이 책의 이후 장에 대단히 중요하다는 점을 고려할 때 우리는 당신이 이 장에서 불명확한 시나리오에 관해 시간을 가지고 다시 읽어 보기를 권한다. 그것을 하고 난 뒤에 당신은 대화 사다리를 어떻게 실습할 것인지가 궁금해질 것이다. 그렇다면 당신은 학교에서의 대화 방문을 구성하는 데 초점을 맞추고 있는 다음 장으로 옮겨 갈 준비가 된 것이다.

8. 학교에서 대화 방문 구성하기

이 장의 목표

- 대화 방문은 무엇이며, 그 목적과 시기가 선택적 함묵증 아동에게 이로운가
- 학교에서의 대화 방문을 위한 잠재적 상대방을 어떻게 찾아낼 것인가
- 대화 방문을 하루 중 어느 때에 할 것인지, 어디에서 할 것인지, 어떠한 활동들이 적절한 선택인지를 어떻게 결정하는가
- 교직원들에게 대화 방문을 어떻게 설명할 것인가, 교직원과 사전에 방문을 조율하는 것이 왜 중요한가
- 아이에게 대화 방문을 어떻게 설명할 것인가

이 책의 지금에 이르기까지 당신은 프로그램의 기본적 원칙에 대해 잘 이해하고 당신 아이만의 욕구에 따라 맞춰진 기초공사를 펼쳐 왔다. 관리팀의 도움을 받아 결부되는 사람, 대화를 위한 물리적 장소 및 이루어질 활동들을 고려한 당신 아이를 위한 대화 사다리를 발전시켜 왔을 것이다. 대화 사다리의 각각의 단계는 당신이 사전에 구축해 둔 사람, 장소 및 활동의 한 단계를 통합시킨 새로운 상황을 나타낸다. 하나의 사다리로부터 단계들을 결합시킴으로써 당신은 아이에게 학교에서 편안하게 말할 수 있는 것을 배울 수 있는 매우 다양한 상황들을 제공하게 될 것이다.

아이가 단순한 상황에서 편안하게 말할 수 있게 된다면, 더욱 도전적이고 새로운 상황을 향해 점진적으로 조금씩 단계를 밟아 가게 할 수 있을 것이다. 점진적 단계를 통해 아이는 편안하게 말하는 능력을 보다 확대된 시나리오 상황으로 이전시킬 수 있을 것이다. 우리가 이 장에서 초점을 맞추고 있는 전략인 대화 방문은 아이가 한 번에 한 단계의 대화 사다리를 올라가는 데 도움을 주는 효과적인 방법이 될 것이다.

대화 방문이란 무엇인가

아이가 학교에서 정기적으로 말하지 않는다면, 아마도 그 상황에서 자신의 말하는 공포를 극복해 나갈 기회가 적어서일 것이다. 이미 논의한 바와 같이 아이는 자신을 불안하게 만드는 말하는 상황을 회피함으로써 학교생활의 대부분을 보낼 가능성이 높다. 따라서 아이의 말하는 공포는 지속되거나 강화될 수 있다. 아이가 말하는 공포를 극복할 수 있도록 도와주기 위해 학교에서 편안하게 얘기할 수 있는 기회를 주는 것이 중요하다. 만약 이러한 기회들이 일상적인 학교생활에서 정기적으로 주어지기 어렵다면, 관리팀은 대체 방안을 고려할 필요가 있을 것이다. 대화 방문은 학교에서 가지기 어려운 연습 기회를 아동에게 제공할 수 있다. 대화 방문은 아이가 정규 학교생활 동안 누군가와 상호작용을 하게 되지만 말하는 것을 불편하게 생각할 때 자신의 대화 사다리의 첫 단계를 올라갈 수 있도록 도와주게 될 것이다.

대화 방문은 언제 유용한가

대화 방문은 종종 아이가 막 학교에서 말하는 공포를 대면하기 시작했을 때인 개입의 초기 단계에 중요한 것이다. 만약 아이가 학교에서 누구에게도 말하지 않거나 그다지 자주 말하지 않는 경우 대화 방문은 개입 프로그램의 시작이 될 수 있다. 대화 방문은 아이에게 학교에서 누군가에게 최소한의 불안만으로 얘기할 수 있는 성공적인 경험을 제공하게 될 것이다.

아이가 학교에서 말하는 각각의 단어들은 함묵증을 극복해 나가는 한 단계를 나타낸다. 아이가 말할 때마다 편안하게 말하는 기술이 향상되는 것이다. 당신 아이가 더욱 자주 말하게 될 경우 말하는 공포가 감소되고 자신감이 향상된다. 지속적인 훈련을 통해 아이는 점점 편안하게 말하는 능력을 현재 말하지 않고 있는 반 친구들이나 교직원들에게 이전시킬 수 있게 될 것이다.

잠재적 대화 상대방을 어떻게 찾을 것인가

대화 방문은 대개 아이가 학교 이외의 상황에서 편안하게 대화하는 개인들의 참여를 수반하게 된다. 이러한 개인들이 대화 상대방, 즉 당신 아이에게 학교 공간에서 편안하게 말하는 것을 연습할 수 있는 기회들을 제공하는 사람들이다. 직계 가족 구성원들이 종종 첫 번째 대화 상대방으로 좋은 선택이 될 수 있다. 하지만 아이가 어떠냐에 따라 다양한 종류의 사람들이 학교 방문을 위한 대화 상대방으로서 적절하게 선택될 수 있다. 당신의 노트를 꺼내 제7장에서 작성한 대화 상대방 목록을 검토해 보기 바란다. 그 연습에서 당신은 아이가 다른 상황에서 자신감을 가지고 대화하는 사람들을 찾아보았고 그들이 학교를 방문할 수 있는 가능성을 검토하였다. 그 목록을 살펴보면 부모인 당신이 아이가 가장 편안하게 말하고 학교를 방문할 수 있는 시간도 낼 수 있는 최고의 후보자로 명시되어 있다는 사실을 알게 될 것이다. 현실적으로도 당신은 아이가 말하는 공포를 극복하기 위해 가장 헌신적으로 도울 수 있는 사람이다.

하지만 대화 방문은 다른 사람에 의해서도 진행될 수 있다. 예를 들어, 당신은 방문 시에 어린 동생이나 할머니를 데려올 수도 있다. 반드시 한 사람만이 학교에 대화 방문을 위해 와야 하는 것은 아니다. 실제로 몇몇의 사람들이 함께 온다면, 아이는 편안하게 말하는 기회를 더욱 많이 가질 수 있을 것이다. 대화 방문은 또한 각기 다른 날에 각기 다른 사람에 의해 이루어질 수도 있다. 예를 들어, 1학년인 케이트(6세)는 엄마나 아빠가 주중의 다른 날에 방문하는 것을 좋아한다. 2학년인 나타샤(7세)의 경우, 남동생이 엄마와 함께 참여하거나 때때로 할머니가 학교를 방문하기도 하였다. 아이는 각각의 사람들의 성격이나 대화 스타일에 따라 다르게 반응할 수 있기 때문에 각기 다른 사람들이 폭넓은 연습 기회를 제공하게 될 것이다.

일정한 경우, 학교 교직원이나 학교위원회 위원도 대화 상대 역할을 할 수 있을 것이다. 우리는 특수교사, 상담가 및 언어치료사도 자신들의 여건에 따라 시간을 내고 있다고 들었다. 만약 그러한 자원들이 아이의 학교에서 활용가능하다면 정말 좋을 것이다. 그리고 만약 그러한 사람들이 학교에 정기적으로 존재하지 않거나 이들과의 사이에서 말하는 압력을 인식하지 않는다면 아이는 그들과 금세 편안하게 얘기할 수 있을 것이다.

그러나 그러한 사람들은 대개 이러한 역할을 맡기 어려운 경우가 많다. 또는 아이가 학교에서 이와 같이 낯선 사람들과 얘기하는 것을 주저할 수도 있다. 따라서 아이가 이와 같은 사람들과 큰 목소리로 편안하게 대화하기 위해서는 상당한 시간이 소요될 수 있다. 아이가 학교에서 말할 수 있도록 독려하는 모든 종류의 노력들이 아이에게 도움이 되겠지만, 우리는 당신이나 다른 가족 구성원들이 아이를 돕기 위해 어떠한 적극적인 역할을 할 것인지 고민해 보기를 적극 권한다. 예를 들어, 가족 구성원들의 정기적인 대화 방문은 아이가 공포를 극복해 가며 교직원과 보내고 있는 시간에 대한 보상으로 기능할 것이다.

언제 대화 방문이 이루어져야 하는가

일반적인 원칙으로 아이는 대화 방문이 보다 자주 이루어지고 길면 길수록 말하는 공포를 더욱 빨리 극복하게 될 것이다. 아이가 피아노를 치거나 수영을 배우는 경우와 같이 새로운 기술을 습득하고자 할 때 연습이 가장 중요하다. 아이가 더 많이 연습할 수 있다면 더 빨리 그 기술을 연마할 수 있을 것이다. 그 외에 대화 방문 시간은 대화 방문 상대방의 가능한 시간과 아이의 학급 일정에 달려 있다. 예를 들어, 방과 후 대화 방문은 사다리의 초기 단계에 있어 좋은 선택이 될 수 있다. 학교 일과가 끝난 후 당신은 훨씬 적은 소음과 방해를 받을 것이고 당신과 아이는 학교 전체를 보다 자유롭게 돌아다닐 수 있을 것이다.

대화 방문은 대개 학교 일과 중에 이루어져야 하기 때문에 관리팀 구성원인 교직원과 가장 좋은 시간이 언제인지를 미리 조정해야 할 것이다. 예를 들어, 나타샤의 담임교사는 대화 방문이 중요한 학급 지도가 진행되기 전인 일과의 시작 시점에 이루어질 것을 제안했다. 케이트의 담임교사는 일과의 끝부분과 같이 덜 구조화된 시간 동안 아버지가 방문하도록 초대했다. 당신은 아이의 하루 일과가 교실에서 어떻게 진행되는지 알고 있는가? 만약 당신의 아이가 초등학생이라면, 학급 지도는 보다 덜 공식적이고 대화 방문이 언제 이루어질지에 더 많은 융통성이 있을 수 있다. 만약 아이가 나이가 있다면, 학습에 지장을 주지 않기 위해 중요한 수업이 언제 진행되는지를 알아내는 것이 특히 중요할 것이다.

연습 8.1 대화 방문 시간 확인하기

노트를 꺼내 당신이나 다른 사람이 학교를 방문할 수 있는 시간을 적어 두기 바란다. 상상력을 활용하라. 학교 시작 전, 쉬는 시간이나 점심시간, 방과 후 및 저녁시간을 고려해 보라. 이러한 시간대에 방문할 다양한 사람들에 대해 생각해 보라. 가능한 목록을 손에 쥐고, 최선의 선택을 하기 위해 이를 아이의 담임교사와 관리팀과 논의하라. 모든 당사자들에게 최선인 대화 방문을 위한 시간을 기록하기 바란다. 여기 나타샤 관리팀이 도출한 것들이 있다.

단계	가능한 방문 시간	요일	방문 가능한 사람
1	학교 시작 전 아침(30분 방문)	화요일 및 수요일	엄마
2	학교 시작 전 아침(45분 방문)	월요일	엄마, 나타샤의 남동생
3	오후 휴식시간 이전(40분 방문)	격주 금요일	할머니

대화 방문은 어디에서 이루어져야 하는가

제7장에서 우리는 학교에서 말하는 와중에 아이의 안정 수준에 영향을 주는 요소로서 장소의 중요성에 대해 언급한 바 있다. 당신이 기억할 수 있다면, 아이가 편안하게 말하는 것을 연습하면서 안전하게 시간을 보낼 수 있는 학교 공간 목록을 작성해 보기 바란다. 노트를 꺼내 당신이 만든 장소 사다리를 찾아보기 바란다(연습 7.4 참고). 당신이 관리팀

을 통해 확인해 둔 각각의 장소는 대화 방문을 위한 좋은 선택이 될 수 있을 것이다.

일반적으로 대화 방문은 아이가 즉시 편안하게 얘기할 수 있는 장소에서 시작해야 한다는 점을 유의하기 바란다(단지 속삭인다고 할지라도). 아이는 비교적 새롭고 교실과 시각적으로 다르며 이전에 말하는 압력과 결부되지 않은 학교 공간에서 말하기 시작할 가능성이 가장 높다. 아이는 다른 사람이 보거나 엿듣지 않고 방해하지 않는 공간에서 당신이 방문 대화를 시작한다면 더욱 편안해할 것이다. 아이가 그러한 상황에서 대화 상대방에게 편안하게 말할 수 있게 되면 보다 도전적인 장소로 장소 사다리의 단계를 옮겨 가는 것을 고려할 수 있을 것이다.

대화 방문 시에 어떠한 활동들이 사용될 수 있는가

제7장에서 아이의 대화 사다리를 만들 때 당신은 아이가 편안하게 말할 수 있도록 격려하는 활동들을 생각하는 데 시간을 사용했고 아이가 좋아할 구체적인 활동도 확인하였다. 당신의 노트를 꺼내 제7장에서 구축한 활동 사다리를 찾아보기 바란다(연습 7.2 참고). 당신이 아이의 대화 연습에 유용하다고 생각한 학교에서의 활동들을 살펴보라. 아이와의 대화 방문 동안 이러한 활동들이 아이가 학교에서 편안하게 느끼도록 도와주어 말할 수 있도록 하는 데 사용할 수 있는 것들이다.

또한 당신이나 대화 상대방의 역할을 하는 다른 사람들이 아이가 가능한 한 자주 말할 수 있도록 자극하는 것이 중요하다. 만약 아이가 당신의 방문 동안 침묵하고 있다면 그것은 아이에게 도움이 되지 않을 것이다. 아이를 대화로 이끌어내기 위해 무엇을 할 수 있을 것인가? 우리는 당신이 아이가 놀고 있는 것에 이름을 붙인다든지 아이의 행동을 묘사한다든지, 눈을 마주친다든지 또는 아이가 하고 있는 행동에 대해 구체적인 질문을 한다든지와 같이 아이가 하고 있는 것에 대해 관심을 보임으로써 말하는 것을 유도시킬 수 있다고 생각한다. 하지만 당신은 아이에게 말하기를 강요하거나 다그쳐서는 안 된다. 그것은 아이가 학교에서 말하는 것에 대한 불안과 공포를 증폭시키고 역효과를 낼 것이다. 대신 편안하게 당신 스스로 아이와 놀이를 즐기기 바란다.

대화 방문 동안 아이의 안정 수준을 추적하기

당신이나 다른 대화 상대방이 학교를 방문했을 때, 당신은 세션 동안 혹은 한 세션에서 다른 세션 간 아이의 일반적 안정 수준을 추적하는 것이 유용하다는 것을 알게 될 것이다. 기록표(표 9)를 몇 부 복사하여 각각의 방문 동안 아이가 어느 정도로 편안하게 느끼는지를 기록해 나가는 데 사용하기 바란다. 당신은 0에서 10까지의 단계로 아이의 전체적인 안정 수준을 각 방문의 말미에 평가할 수 있을 것이다. 만약 아이가 매우 불안해하고 말을 할 수 없다면 '0' 으로, 어느 정도 안정되었다면(예를 들어, 매우 작은 목소리로 말하는 등) '5' 로, 안정되고 정상적인 대화를 할 수 있다면 '10' 으로 표시할 수 있을 것이다. 기록표의 박스를 색칠함으로써 세션이 진행되는 동안 아이의 안정 수준을 시각적

표 9 대화 방문 동안의 발달 기록

안정 수준									
	10								
	8								
	6								
	4								
	2								
	0								
방문 시간									
	60								
	50								
	40								
	30								
	20								
	10								
	0								
날짜									

범례 : 0=매우 불안, 말할 수 없음, 5=어느 정도 안정, 조용한 목소리 사용, 10=안정됨, 친근한 대화

으로 표시할 수 있을 것이다. 또한 각각의 대화 방문의 길이와 그것이 이루어진 날짜를 기록해 두어야 한다는 점도 잊지 말기 바란다.

우리는 당신과 대화 방문에 참가하는 다른 사람들이 각각의 방문 후에 기록표를 채우기를 권한다. 이후 당신은 다음 회의 시 관리팀과 그 정보를 공유할 수 있을 것이다.

아이에게 대화 방문 설명하기

선택적 함묵증 아동들은 대개 학교에서 가족 구성원이 갑자기 나타나는 것과 같은 일상의 변화를 미리 준비하고 싶어 한다. 관리팀과의 협력을 통해 아이에게 학교 방문에 관해 설득력 있는 설명을 하는 것이 중요하며, 이는 부분적으로 아이의 연령과 교실에서의 일상에 의해 결정될 수 있다. 하지만 일반적으로 학교 방문의 목적이 아이로 하여금 말하게 하기 위한 것임을 직접적으로 얘기하지 않도록 한다. 일부 선택적 함묵증 아동들은 자신이 말하도록 압박을 당하고 있다고 느끼면 대화 방문 동안 더욱더 불안해하거나 저항할 수도 있다. 대신 당신은 교육적 또는 추가 커리큘럼 목적을 강조하는 설명을 이용하는 것을 고려해 볼 수 있을 것이다. 예를 들어, 케이트의 1학년 교실에서 수시로 교사를 돕기 위해 몇몇 부모들이 자원하였다. 케이트의 아빠도 교실에서 돕기로 결정하고 케이트와 개별적으로 작업을 했다. 케이트에게는 자신의 아빠가 단지 교실에서의 부모 자원봉사자로 보였기 때문에 자신의 아빠의 학교 방문에 의문을 품지 않았다. 나타샤의 엄마는 자신의 학교 방문에 대해 나타샤의 읽기 능력을 위해 공부하고 남동생이 이듬해에 학교에 들어가기 때문에 학교에 익숙해지도록 하기 위한 기회라고 설명했다. 당신은 아이에게 대화 방문을 어떻게 설명할지에 대해 아이디어가 있는가? 이를 설명하는 데에는 한 가지 해답이 있지는 않다. 당신은 아이에 대해 아는 것과 당신의 선의의 판단을 신뢰해야 한다.

교직원에게 학교 방문 설명하기

만약 관리팀을 성공적으로 구성하였다면 교직원인 팀 구성원이 학교에 당신의 방문에 대해 알려 주는 역할을 할 수 있을 것이다. 하지만 당신이 학교의 팀원을 구성하지 못했다면, 당신은 교장을 만나 당신의 계획을 공유할 필요가 있을 것이다. 이 책을 가져가는 것도 임무 완수에 도움이 될 수 있다.

아이의 학교에서의 보안 수칙

최초의 대화 방문을 하기 전에 아이의 학교에서의 보안 수칙에 대해 잘 알고 있어야 한다. 아마 당신은 매 방문 시마다 주 사무실에서 서명해야 할 것이고 적정한 신분증을 휴대해야 하며 심지어 학교에의 정기적 방문 전에 경찰 검문을 받을 수도 있을 것이다. 이러한 원칙들을 사전에 알아보는 것이 당신의 방문을 원만하게 할 것이다.

담임교사들과 학교 방문 조정하기

관리팀에 교직원을 포함시킬 수 없다면, 담임교사와 대화 방문을 조정하는 것도 중요하다. 담임교사는 아이의 학습 욕구와 일과를 고려하여 아이가 정기적인 학습 과제에 참여하지 않아도 되는 시간을 선호할 것이다. 담임교사의 의견을 반영하도록 하라.

당신의 방문에 대한 아이의 반응에 관한 우려

당신의 계획을 담임교사와 나눌 때, 이러한 방문의 전체적 목적을 살펴볼 필요가 있을 것이다. 특히 아이가 저학년이라면 교사는 아이가 학교에서의 당신의 존재에 의존하게 되거나 당신이 떠난 뒤에 당황해할 수 있기 때문에 당신이 학교 일과 동안 방문하는 것을 꺼릴 수도 있다. 몇몇의 어린 아동들이 학교 일과 중에 부모와 분리되는 데 어려움을 느끼는 것이 사실이다. 일부 아동들은 자신들의 부모가 매일 학교에 오기를 기대하게 될 수도 있다.

만약 아이가 어리고 분리 불안장애의 경력이 있다면 아이는 대화 방문 이후에 당신과 분리되는 데 어려움을 느낄 수 있다. 하지만 일반적으로 우리는 학교 방문의 잠재적인 이익이 잠재적 결점을 상회한다고 믿는다. 만약 당신이 학교를 정기적으로 방문할 수 있다면, 아이는 당신의 방문을 언제 얼마나 즐길 수 있을지 알게 될 것이다. 사실 아이에게 편안하게 말하는 기회를 제공하는 것과 더불어 당신은 아이에게 추가적인 분리 연습을 제공하게 되는 것이다. 아이가 학교 방문 때문에 당신에게 더욱 의존적이 될 수 있다는 것에 관해서는 이러한 것이 장기적으로 지속될 가능성은 적다.

가장 중요한 것은 당신과 교직원에게 대화 방문이 단기적인 전략이라는 점을 환기시키는 것이다. 대화 방문의 목적은 아이가 초기의 몇몇 사다리 단계를 올라가도록 도와 학교에서 말하는 것을 보다 편안하게 만드는 것이다. 대화 방문은 아이의 학교에서의 일반적 기능을 방해하지 않을 것이다. 당신 아이가 반 친구들이나 교직원들과 편안하게 얘기할 수 있게 되면, 대화 방문의 역할은 아이의 진전을 위해 덜 중요해진다. 아이는 정기적인 학교 일과 동안 만나는 사람들과 편안하게 대화하는 것을 연습할 수 있는 기회를 가지게 될 것이고, 당신은 결과적으로 학교 방문을 중지할 수도 있다. 많은 선택적 함묵증 아동들과 마찬가지로 당신의 아이는 스스로 대화 방문이 필요하지 않다고 판단하는 시점에 이를 수 있다. 아이가 학교에서 보다 편안하게 말할 수 있게 된다면, 아이는 반 친구들이나 교직원들과 보다 편안하게 상호작용 할 수 있게 될 것이다. 스스로의 능력에 자신감을 가지게 되면 더 이상 당신이 학교에 존재하는 것으로부터 얻게 되는 안정감을 필요로 하지 않게 되는 것이다. 이를 상상해 보라!

대화 방문을 계획하기 위한 실무적 어려움

대화 방문을 조직함에 있어 잠재적 역할에 대해 읽어 나가면서 당신은 이것이 참 어려운 일이라고 생각할 수 있다. 당연히 다양한 실무적 어려움이 아이를 돕는 데 존재할 수 있다. 일에 대한 헌신, 다른 아이들을 위한 보살핌의 가능성, 통학 문제를 포함한 명백한 생활의 실제들이 학교 방문을 어렵게 만들 수 있다. 그렇게 생각한다면 당신은 혼자가 아니다. 하지만 우리는 당신이 우리의 제안을 고려해 보기 바란다. 아이가 얻게 되는 당신과 학교에서 자연스럽게 대화할 수 있는 모든 기회들은 말하는 공포를 극복해 가는 아이의 또 다른 단계를 나타낸다. 당신이 원하는 대로 허용되지 않는다면 이러한 역할을 다른 가족 구성원들과 공유할 수도 있을 것이다. 또는 당신은 창의성을 통해 당신이 처음 생각했던 것보다 더 가능할 수 있게 만들 수도 있다.

예를 들어, 나타샤의 부모는 모두 풀타임으로 일하였고 통상의 학교 일과 중에는 시간이 나지 않았다. 하지만 나타샤의 엄마는 항상 아침에 나타샤를 학교까지 데려다 주었다. 그 가족의 아침 일상을 약간 조정함으로써 나타샤와 엄마는 학교 수업이 시작되기 전 30분 동안의 대화 시간을 가질 수 있었다. 나타샤의 아빠는 주중에 학교에 시간을 낼 수는 없었지만, 아빠와 나타샤는 대화 방문(및 즐거운 그네타기)을 위해 매 주말마다 학교 운동장으로 자주 나갔다. 케이트의 경우, 그의 아빠는 교대제로 오후에 근무했기 때문에 일하러 가기 전 일과 중에 20분간 학교를 방문할 수 있었고, 케이트의 엄마는 남동생과 함께 일과가 끝날 무렵에 학교를 방문하였다.

요컨대, 결국은 당신이 할 수 있는 것을 하라는 것이다. 당신이 아이를 위해 더 많은 말하는 연습 기회를 만들 수 있다면 아이는 학교에서 자신감 있게 말하기 위해 더 빨리 사다리를 올라갈 것이다. 대화 방문은 많은 시간을 요하는 것이기는 하지만 당신이 전체적으로 참여하는 것은 제한적일 것이다. 아이의 장기적 이익을 위해 단기적으로 투자한다고 생각하라.

9. 아이의 사회적 관계 확대하기

이 장의 목표

- 아이의 진전에 대한 지속적인 관찰의 중요성
- 아이의 진전을 추적하기 위해 말하는 상황 기록표를 만들고 이용하는 방법
- 선택적 함묵증을 극복해 나가는 과정에서 아이의 추진력을 유지하는 방법
- 아이의 지속적인 진전을 보장하기 위한 보상체계의 잠재적 역할
- 말하기가 요구되는 아이의 프로그램에 적응시킴으로써 아이의 학업 성공을 보장하는 방법
- 교사들이 언어중심능력을 평가하는 데 사용할 수 있는 대안 방법
- 아이의 교육적 권리와 특수교육이 필요한 아이로서 공식적으로 확인하는 과정

아이가 처음 대화하는 반 친구는 종종 아이가 다른 상황에서도 기꺼이 말하고자 하는 사람이다. 이 반 친구는 이웃의 놀이친구일 수 있고 정기적으로 동네에서 과외활동에 같이 참여하는 아동일 수도 있다. 예를 들어, 2학년인 제임스(8세)는 보이 스카우트 멤버이자 같은 반 데이비드와 좋은 친구이다. 2학년인 빅토리아(7세)는 반 친구이자 이웃인 카렌과 공예를 하거나 자전거를 타고 동네를 도는 것을 좋아한다. 당신의 아이는 학교 밖에서 반 친구들과 상호작용을 하는가? 만약 아이가 다른 상황에서 편안하게 반 친구들과 얘기한다면 적절한 기회를 통해 그 학생과의 대화가 학교로 이전될 수 있을 것이다. 아이가 이미 학교에서 몇몇의 반 친구들과 대화를 하고 있다고 할지라도, 아이가 학교 공간으로부터 떨어져 그들과 시간을 보낸다면 다른 반 친구들과 얘기하게 될 가능성이 더욱 높아질 것이다.

왜 그러한가? 우리는 아이가 말할 때의 안정 수준에 영향을 미치는 요소로서 물리적 장소의 중요성 때문이라고 생각한다. 이미 논의한 바와 같이 학교 공간 및 그와 관련된 활동들은 대개 아이의 말하는 공포를 발생시킬 가능성이 높다. 따라서 학교로부터 떠나와 반 친구와 시간을 보내는 것(예를 들어, 집이나 동네에서)이 아이에게 보다 편안하게 느껴질 것이다. 아이가 보다 편안하고 안정된다면, 반 친구에게도 말할 가능성이 더욱 높아질 것이다. 그 반 친구에게 편안하게 말하는 수많은 연습을 통해 아이는 결국 학교 공간 내에서도 다른 반 친구에게 충분히 말할 수 있을 정도로 자신감을 가지게 될 것이다. 본질적으로 또래 상호작용은 아이가 자신감 있게 말하는 능력을 다른 상황에서 학교 환경으로 이전시키는 것을 돕는 다리 역할을 할 수 있을 것이다.

하지만 제임스나 빅토리아와 달리, 많은 선택적 함묵증 아동들은 학교 밖에서 반 친구들과 놀 수 있는 기회를 정기적으로 갖지 못한다. 예를 들어, 아동이 동네 밖의 학교에 다닌다면 그가 이웃에서 함께 노는 또래들은 학교에서의 반 친구가 아닌 것이다. 또는 아동이 반 친구들과 같은 이웃에 살더라도 무슨 이유에선지 함께 놀지 않을 수도 있다.

제2장을 돌이켜 보면, 우리는 실제로 가정과 학교 간 또래 관계에서의 불일치를 선택적 함묵증과 관련된 한 요소로 파악한 바 있다. 아이의 또래 관계에 대해 잠시 생각해 보라. 아이가 학교 밖에서 함께 노는 또래들은 교실에서 상호작용하는 아동과 동일한가? 아이가 하나 이상의 상황에서 만나는 아동들을 알아낸다고 할지라도 아이가 학교 밖에서 정기적으로 그 또래들과 시간을 보낼 수 있는 기회를 갖는가? 아이가 학교 밖에서 반 친구들과 함께 놀 수 있는 정기적인 시간을 마련하는 것은 아이의 개선을 촉진시키는 데 도움이 될 것이다.

반 친구들과의 정기적인 놀이시간이 자리배치를 적절하게 하고 대화방문을 조정하는 등 학교 중심 계획과 연계되어 이루어질 수 있다면 가장 효과적일 것이다. 하지만 이 책에서 언급하고 있는 어느 하나의 전략도 아직 시도해 보지 않았다고 할지라도 당신은 놀이시간을 마련함으로써 당신 아이의 진전에 큰 기여를 할 수 있을 것이다. 이 장의 나머지는 당신의 아이를 위한 사회적 조정자 역할을 맡을 때 사용할 수 있는 정보를 제공해 줄 것이다.

아이의 또래에 관한 정보 모으기

학교에서 어떤 아이가 당신의 아이에게 좋은 대화 상대가 될 수 있는지 판단하기 위해서는 아이가 좋아하는 학생들을 알 필요가 있을 것이다. 여기서의 목적은 아이가 좋아하지만 아직 대화하지 않는 아동들을 찾아내는 것이다. 결국 아이가 좋아하는 또래와 보다 편안하게 느끼고 궁극적으로 대화하게 될 것이라고 판단하는 것은 합리적이다. 다음을 생각해 보라. 당신은 직장이나 사회생활을 하면서 당신이 싫어하는 누군가와 대화하도록 강요당한 적이 있는가? 그러한 경우, 당신은 길게 대화하고 싶었는가 아니면 그 대화로부터 빨리 빠져나오기 위해 노력했는가? 당신의 아이는 아마 자신이 별로 좋아하지 않거나 불편하게 느끼는 또래와 시간을 보낼 경우 비슷하게 느낄 것이다.

당신은 아이가 좋아하는 학교 친구들에 대한 중요한 정보를 모으기 위해 약간의 탐정 활동을 할 수 있을 것이다. 아이가 학교에서 어느 정도 말을 하지 않고 부끄러움을 느낀다는 사실을 고려할 때, 교직원들은 관찰만으로는 아이가 좋아하는 또래를 찾아내기 어려울 것이다. 반면에 당신은 아이와 집에서 우연적으로 자연스럽게 대화를 하면서 아이가 학교 경험에 대해 말하는 것을 듣고 어떤 친구들이 적절할지 알 수 있는 기회를 가질 수 있을 것이다.

연습 9.1 아이가 좋아하는 학교 친구들 찾아내기

- 노트에 당신이 알고 있는, 아이가 좋아하는 학교 또래들의 목록을

만들기 바란다. 과거나 현재에 아이가 친구라고 언급했던 모든 또래들을 상기해 보라. 아이가 학교에 대해 얘기할 때 자주 말하는 경향이 있는 또래의 이름을 추가하라. 만약 당신이 누구를 목록에 넣어야 할지 잘 모르겠다면, 아이와 아이의 같은 반 또래들에 대해 자연스럽게 얘기해 보라. 아이에게 같이 노는 것이 좋고 함께 시간을 보내는 것이 편안하고 좋은 아동들이 누구인지 물어 보라.

- 관리팀과 당신의 목록을 공유하고 팀 구성원들이 별도의 아이디어가 있는지 확인해 보라. 당신이 지목한 아동들에 대해 팀 구성원들이 어떻게 생각하는지도 확인해 보라. 그들 중 아이와 잘 어울리지 않을 것이라고 생각하는 아동이 있는가? 다음으로 친숙도와 대화 여부의 수준에 따라 아이가 각각의 친구들과 얼마나 편안하게 느끼는지 순위를 매겨라. 빅토리아 관리팀에 의해 개발된 것과 같은 다음의 표를 만드는 것이 도움이 될 것이다.

학생	같은 반인가	추가 커리큘럼을 같이 하거나 같은 이웃인지	동네에서 또래에게 말하기	학교에서 또래에게 말하기
1	예.	예. 동네 친구	예.	예(운동장에서)
2	예.	예. 수영	예.	아니요.
3	예.	아니요.	아니요.	아니요.
4	아니요. 하지만 같은 학교	예. 댄스교실	예.	아니요.

- 빅토리아의 또래 친구 목록을 보면, 그녀를 위한 놀이시간 후보자로 누가 가장 적합하다고 생각하는가? 이와 같은 만남이 단지 빅토리아를 즐겁게 하기 위한 것뿐만 아니라 학교에서 편안하게 대화

하지 못하는 반 친구와의 상호작용과 말하기를 연습할 수 있는 기회를 제공하는 것을 목적으로 한다는 점을 기억하기 바란다. 또한 빅토리아가 다른 상황에서 상호작용할 수 있는 정기적인 기회들을 가지는 아동들과 보다 빨리 편안해질 것이라는 점도 기억하라. 빅토리아가 이미 학교 운동장과 동네에서 카렌이라는 반 친구와 대화를 한다는 사실을 고려할 때, 카렌과의 추가적인 놀이시간은 그들이 교실에서 대화 상대가 될 수 있도록 하는 데 도움이 될 것이다. 브렌다 또한 빅토리아와 같은 반이고 수영 교실에서 매주 이미 상호작용을 하고 있으므로 놀이시간을 위한 좋은 선택이 될 수 있다. 아마 집에서 계획된 일대일의 놀이시간을 통해, 빅토리아는 집이나 결국 학교에서까지 카렌이나 브렌다와 자연스럽게 대화하게 될 것이다.

당신이 작성한 아이를 위한 또래 목록으로부터 아이의 놀이시간을 위해 좋은 선택이 될 수 있는 또래 아이를 찾을 수 있는가? 하나 이상의 가능성이 있다면, 아이가 가장 편안하게 대화하는 또래로부터 시작하기 바란다.

선정된 반 친구들과의 놀이시간 구성하기

놀이시간을 위한 반 친구를 선택했다면, 이제 아이를 위한 사회적 기회를 구성하는 데 초점을 맞출 수 있을 것이다.

부모나 보호자 접촉하기

당신이 선택한 반 친구의 부모나 보호자를 알고 있다면, 예를 들어 전화로 직접 연락하거나 학교나 수영 교실에서 우연찮게 마주칠 때 편안하게 얘기할 수 있을 것이다. 하지만 이것이 어려운 일인 것처럼 보이더라도 관계없다. 많은 부모들이 놀이시간을 위한 초대를 위해 다른 부모를 접촉하는 것이 어렵다고 얘기했는데, 이는 아마도 그 가족을 잘 모르고 그들에게 어떻게 연락해야 할지 몰랐기 때문일 것이다. 그리고 요즘 같은 시대에 아이의 담임교사가 같은 반 아이의 집 전화번호를 알려 주는 것이 학교 정책에 반하는 것이기 때문에 프라이버시 침해 우려도 있다. 또는 다른 사람들과 대화를 먼저 시작하는 것이 불편하게 느껴질 수도 있다. 선택적 함묵증 아동들과 그들의 부모는 종종 유사한 경향을 보인다는 점을 기억하기 바란다. 당신이 잘 모르는 사람과 말할 때 약간 부끄럽고 긴장되는 경향이 있다면, 아이를 위해 다른 부모에게 연락하는 것이 당신에게 매우 큰 일이 될 것이다. 그러한 경우에는 아이의 교사나 교직원이 당신을 충분히 도울 수 있을 것이다. 예를 들어, 빅토리아의 엄마는 카렌의 부모에게 학교 밖에서 아이들이 같이 놀 수 있는 시간을 만들면 어떻겠냐고 짧은 편지를 썼고, 빅토리아의 담임교사는 그 초대장을 수업 종료시점에 카렌에게 전달했다. 이후 카렌의 부모는 빅토리아의 부모에게 직접 연락해서 놀이시간을 정했다. 유사한 방법이 당신의 경우에도 적용될 수 있지 않겠는가?

놀이시간 예약하기

놀이친구로서 좋은 후보자를 고르고 그 반 친구의 부모에게 성공적으로 접촉했다면 만남을 위한 몇 가지 일반적 원칙들을 명심하는 것이 중요하다. 아이가 당신이 마련한 각각의 모든 놀이시간으로부터 도움을 받는다 할지라도 당신은 좀 더 많은 기회를 만들고 싶을 것이다. 당신은 가능한 많이 주기적으로 그 반 친구가 집으로 올 수 있게 만들도록 노력해야 한다. 이는 실제로 우리가 학교 방문 대화에 관한 장에서 언급한 원칙과 동일한 것이다. 당신이 아이에게 더 많은 연습 기회를 제공하면 할수록 아이는 학교 반 친구와 더욱 더 빨리 편안하게 대화할 수 있게 될 것이다.

아이의 나이와 당신이 접촉한 부모를 알고 있는지에 따라 아이의 놀이시간은 부모의 보호하에서 이루어질 수도 있다. 그것은 좋다. 사실 그것은 당신을 적절히 소개하고 다른 부모와 더욱 친해질 수 있는 기회가 될 수 있을 것이다. 일이 잘 진행된다면, 당신은 다음에 보다 쉽게 추가적인 놀이시간을 마련하게 될 것이다.

놀이시간을 위한 사다리 만들기

제7장에서 우리는 아이가 학교에서 말하기와 관련된 상황에 대한 사다리를 천천히 올라감으로써 선택적 함묵증을 어떻게 극복할 수 있는지에 관해 길게 논의하였다. 사다리는 세 가지의 요소(사람, 장소 및 활동)로 만들어진 시나리오를 사용하여 만들어질 수 있다. 우리가 논의한 것처럼 사다리의 초기 단계는 아이가 곧바로 말할 가능성이 있는 것이어야 하고 단지 최소한의 불안만을 조성하는 것이어야 한다. 사다리의

그 다음 단계는 지금 말하지는 않지만 나중에는 말을 하게 될 시나리오이어야 한다(하지만 아이가 사다리의 그러한 높은 가로대에 도달할 때까지는 과도하게 불안을 야기하는 말하는 상황에 직면하도록 해서는 안 된다). 이러한 동일한 작업틀이 놀이시간을 계획하도록 안내하는 데 사용될 수 있다.

사람에 대해 생각하기

이러한 놀이시간에는 정기적인 놀이시간과 달리 아이와 반 친구 간의 상호작용에 당신이 적극적으로 참여하게 될 것이다. 당신의 참여는 초기에 매우 중요하다. 아이와 그 반 친구가 함께 즐거워하기를 기대함에도 불구하고 이러한 놀이시간은 특별한 목적을 가지고 있다. 즉 아이에게 반 친구들과 보다 이완된 방식으로 상호작용을 (언어적 및 비언어적으로) 연습할 수 있도록 해 주는 것이다. 만약 아이가 당장 새로운 놀이친구와 편안해지지 않는다면 당신은 그 상호작용이 보다 편안하게 이루어질 수 있도록 도와주기 위해 거기에 있어야 할 것이다. 또한 아이가 그 친구에게 직접 말하는 단계로 나아가기 전에 새로운 친구 앞에서 편안하게 말하는 것을 연습할 수 있는 방법을 제공하기 위해 함께 있을 필요가 있다(나중에 이 장에서 우리는 어떻게 놀이시간에 아이의 말하기를 독려할 수 있는지에 관한 몇 가지 조언을 해 줄 것이다).

당신 아이가 놀이시간 동안 그 친구에게 편안하게 말하는 연습을 많이 가지게 된다면 당신은 이후에 사회적 관계를 확대하고 그 과정, 즉 당신 아이가 아직 편안하게 대화하지 못하는 다른 아이를 찾아내고 그 아이와의 놀이시간을 준비하는 것을 다시 시작하는 것에 대해 생각해 볼 수 있을 것이다.

장소에 대해 생각해 보기

당신이 집에서 이루어지는 놀이시간을 준비했다면 이미 어느 정도 이를 행하였다고 볼 수 있다. 당신은 아이가 비교적 편안하게 말하고 말하는 것에 대해 압박을 당하지 않는 집이라는 환경에서 가장 편안해한다는 사실을 알고 있을 것이다.

집 안에서의 장소

이제 아이가 대부분의 시간을 보내게 되는 집이라는 장소에 대해 생각해 보자. 당신은 아이가 매우 익숙하고 가장 편안하게 느끼는 장소를 생각할 수 있을 것이다. 제임스는 텔레비전을 보거나 비디오 게임을 하는 가족 방에서 많은 시간을 보낸다. 하지만 아빠의 서재는 아이들에게 출입금지구역이다. 빅토리아는 종종 자신의 여가시간을 부엌 탁자에서 수예를 하면서 보내며, 지하 놀이방에서 돌아다니는 것은 좋아하지 않는다. 당신은 아이가 집에서 어디를 가장 좋아하는지 알 수 있겠는가?

아이의 침실은 그곳에서 장난감을 가지고 놀이를 한다면 놀이시간을 보낼 수 있는 좋은 장소가 될 수 있다. 하지만 몇몇 아동들에게는 침실이 매우 개인적인 공간이어서 놀이시간에 곧바로 갈 수 있는 장소가 아닐 수도 있다. 만약 아이가 그러하다면, 침실에서의 놀이시간은 아이가 새로운 친구와의 상호작용을 함에 있어 보다 편안해질 때까지 허용해 줄 필요가 있다. 바깥 공간 또한 잊지 말기 바란다. 이미 논의한 바와 같이 아이가 신체 활동을 좋아한다면 이는 그를 편안하게 만들 수 있고 달리고 놀 수 있는 뒤뜰에서 놀이를 할 수 있을 것이다.

당신의 집 각각의 장소에서 다른 가족 구성원들이 얼마나 많이 왕래하게 되는지도 고려되어야 한다. 일반적으로 프라이버시가 제공되는 장소를 찾아볼 것을 권한다. 일부 선택적 함묵증 아동들은 가족 구성원이 지나갈 때 갑자기 조용해지는 경우가 있다. 또한 어떤 부모들은 형제자매가 놀이시간을 차지하고 대부분 말하게 된다고 얘기하였다. 형제자매가 때때로 어색함을 없애 주기도 하지만, 그들의 존재 또한 선택적 함묵증 아동의 연습 기회를 제한하기도 한다. 여기에서 당신이 합리적으로 판단하기 바란다. 만약 아이의 놀이시간을 가로챌 수 있는 다른 형제자매가 있다면 당신은 그 형제자매에게 그들의 친구 집에서 놀이시간을 빼앗길 수 있다고 설득하는 것이 좋은 생각이다.

동네에서의 장소

아이가 집에서 친구와 편안하게 대화하게 된다면, 놀이시간을 도서관이나 좋아하는 식당 또는 쇼핑몰과 같은 동네의 다른 장소로 옮겨 가는 것을 고려해 보라. 아이가 준비가 되면 장소의 변경은 아이의 말하는 능력을 보다 확대된 공간으로 이전시키는 데 도움이 될 것이다. 아이와 그 친구와의 우정이 깊어짐에 따라 놀이시간을 친구네 집에서 갖는 것도 자연스러울 것이다. 초대가 당신 아이에게 확대되고 그러한 경험을 받아들일 준비가 되어 있다면 그것은 아이가 약간 주저하더라도 매우 좋은 징조이다. 친구네 집은 편안하게 말하는 것을 연습할 수 있는 새로운 장소가 될 수 있을 것이다. 아이의 안정 수준에 따라 초기에는 아이를 친구네 집까지 데려다 줄 수도 있을 것이다. 이를 통해 당신은 새로운 환경에서 아이가 그 친구에게 말하기를 원하는 상황을 관찰할 수 있을 것이다. 만약 아이가 이 상황에서 조용하고 소극적이라면 당신은 집에서 한 것처럼 대화를 촉진해낼 수도 있을 것이다.

아이가 동일한 친구와 다양한 장소에서 놀이시간을 자주 가진 후 아이와 놀이시간을 가질 수 있는 마지막 장소를 생각해 볼 수 있겠는가? 아이가 학교에서 그 친구와 말하는 것을 가장 불편해할 것이라는 점을 고려할 때, 아이가 준비가 되면 학교로 가는 것을 준비해 보는 것이 필요하다. 놀이시간은 운동장에서 이루어질 수 있고 만약 당신이 준비가 가능하면 방과 후 학교 안에서의 시간도 포함시킬 수 있을 것이다. 아이는 우선적으로 누가 보거나 엿듣지 않을 경우 학교에서 그 친구에게 말을 하게 될 것이다.

연습 9.2 놀이시간을 위한 장소 사다리 만들기

노트를 꺼내기 바란다. 당신이 방금 읽은 몇 가지 팁들을 명심하고 다음의 놀이시간에 사용할 장소 목록을 만들기 바란다.

학교에서의 대화 방문을 위해 만든 장소 사다리를 기억하는가? 여기에서 동일한 것을 해 보라. 초기 단계는 아이가 지금 편안하게 말하는(단지 속삭인다고 하더라도) 장소이어야 한다는 점을 명심하고 가능하면 학교에서의 상황에서 종료할 수 있도록 하기 바란다. 여기에 제임스의 부모가 다가오는 놀이시간을 위해 준비한 목록이 있다.

활동에 대해 생각하기

성공적인 놀이시간을 구성하기 위해서는 아이로 하여금 말하는 것을 독려할 수 있도록 미리 활동들을 계획하는 것이 중요하다. 제7장에서

표 10	놀이시간을 위한 제임스의 장소 사다리
1	집-가족 방
2	집-제임스의 침실
3	집-뒷마당
4	공원
5	쇼핑몰
6	영화관
7	학교-방과 후 축구장
8	학교-학교 일과 중 축구장
9	학교-수영 공간 및 정글 체육관
10	학교-방과 후 도서관

우리는 당신이 말하는 것을 독려하는 것을 선택함에 있어 고려해야 할 활동들에 대해 살펴보았다. 일반적으로 당신은 아이가 그 활동을 할 때 얼마나 편안해 하는지와 그 활동이 아이로 하여금 말하도록 하게 할 가능성(다시 말해, 그 활동의 말하기 요구)이 얼마나 있는지를 생각해 볼 필요가 있다. 예를 들어, 제임스의 부모는 제임스와 그 친구가 적어도 함께 상호적 비디오 게임을 하면서 놀이시간을 보내는 것을 제안할 수 있다. 빅토리아의 엄마는 빅토리아와 그 친구를 위해 가장 좋아하는 수예 활동을 준비하였다. 아이에게 익숙하고 아이가 좋아하는 활동에 대해 생각하며 아이가 그러한 경향이 있다면 신체 활동을 포함시키는 것을 잊지 말기 바란다. 스포츠 활동은 신체적 긴장과 관련 불안을 감소시킬 수 있기 때문이다. 만약 아이가 스포츠 놀이와 같은 것을 할 때 편안해 한다면, 더욱 안정감을 가지게 될 것이고 결과적으로 말할 가능성이 더욱 높아지는 것이다.

앞 단락에서 언급한 바와 같이 놀이시간을 위해 당신이 선택한 활동들의 말하기 요구 수준에 대해 생각하는 것을 기억하기 바란다. 당신이 학교에서의 대화 방문을 계획할 때와 마찬가지로 처음에는 제한적인 말하기 요구 수준으로 시작해야 할 것이다. 예를 들어, 한 단어나 '예/아니요'와 같은 대답을 요구하지 않는 과도한 말하기 활동들을 생각해 보라. 아이가 이와 같이 매우 구조화된 활동들 속에서 자신의 놀이 짝에게 편안하게 이야기할 수 있다면 이후 당신은 더 많은 말하기를 수반하는 활동들을 계획할 수 있을 것이다.

연습 9.3 놀이시간을 위한 활동 목록 만들기

노트를 꺼내기 바란다. 놀이시간 동안 아이가 할 수 있는 활동들의 목록을 만들어 보라. 놀이와 대화를 유도할 수 있는 활동들을 생각해 보라. 아이가 집에서의 여가시간에 종종 하는 활동들을 생각해 보고 신체적 활동이 좋은 선택이 될 수 있는지 고려해 보라. 목록이 만들어지면 그것을 검토하고 그것이 말하기를 독려하는 정도에 따라 각각의 활동 순위를 매겨 보기 바란다. 예를 들어, 빅토리아의 부모가 만든 것을 살펴보라.

얼마나 많은 가능한 활동들이 있는가? 아이와 그 놀이친구가 정말 그것을 좋아하는가? 말하는 양에 따라 다양한 활동들을 찾아냈는가? 다음 놀이시간을 위해 가능한 활동 목록을 가까이에 두기 바란다. 제7장, 제8장에서 한 것과 같이 놀이시간 동안 사용하기 위해 활동 사다리를 만들게 될 것이다.

활동에 대한 설명		얼마나 말하는 것을 격려하는가?			
		전혀	조금	약간	많이
1	집에서 보드게임을 자주 한다.			×	
2	공예(그림 그리기, 구슬작업)		×	×	
3	엄마와 함께 빵 굽기			×	
4	손 인형 쇼				×
5	자전거 타기		×		
6	학교 운동장에서 술래잡기			×	
7	방과 후에 학교 도서관에서 큰 소리로 읽기				×

연습 9.4 놀이시간을 위한 활동 사다리 구성하기

이제 놀이시간 동안의 당신 아이를 위한 활동 사다리 단계의 순서를 조정해야 한다. 당신의 노트를 사용하여 사다리를 위한 활동들의 순서를 기록하라. 초기 단계는 아이가 이미 편안하게 생각하는(그리고 말하기가 덜 요구되는) 활동이어야 할 것이다. 앞에서 언급한 바와 같이 아이가 놀이시간 동안 새로운 친구와 더욱 편안하게 상호작용할 수 있다면, 당신은 더 많은 말을 요구하는 활동들을 계획할 수 있을 것이다. 표 11은 빅토리아의 활동 사다리의 예이다.

표 11	빅토리아의 놀이시간을 위한 활동 사다리
1	함께 공예하기(그림 그리기? 점토? 구슬작업?)
2	게임의 날(좋아하는 보드게임과 카드게임)
3	빵 굽기(엄마와 함께)
4	자전거 타기
5	손 인형 쇼
6	뒤뜰에서 춤 낭송하는 척하기
7	일반 레크리에이션 센터에서 수영하기
8	학교 놀이터에서 놀기(술래잡기, 숨바꼭질)
9	방과 후에 학교 도서관에서 독서
10	방과 후에 교실에서 "학교" 놀이하기(기억해라. 당신은 미리 교사나 교장으로부터 허락이 필요할 것이다.)

놀이시간을 위한 활동, 장소 및 사람 사다리의 통합

당신이 놀이시간을 위한 사람, 장소 및 활동을 결정했다면, 이제 아이의 놀이시간 사다리를 위한 초기 단계를 계획해야 한다. 제7장의 대화방문에서 했던 것과 같이 당신은 동일한 반 친구와 놀이시간 동안 활동 및 장소를 변경시키는 방식을 고려할 수 있다. 최소한의 불안을 야기하고 현재 말을 하고 있는 시나리오로 시작해서 현재보다 덜 말하고 있고 보다 많은 불안을 유발하는 상황으로 옮겨갈 수 있을 것이다. 하나의 계획된 시나리오 하에서 자신의 반 친구에게 편안하게 말할 수 있게 되면 다음 놀이시간 동안 아이의 말하기를 새로운 상황으로 확대하는 것을 생각해 볼 수 있을 것이다.

연습 9.5 놀이시간을 위한 통합 사다리 개발하기

노트를 꺼내 아이가 놀이시간 동안 반 친구와 말하는 연습을 할 수 있는 단계에 대해 생각해 보라. 한 친구에게 집중하는 것으로 시작해서 그 친구와 해결해 나갈 수 있는 말하는 상황들을 만들기 위한 활동 및 장소 사다리를 통합해 보라. 놀이시간을 어디에서 시작하고 아이가 무엇을 해 나갈 것인지에 대한 임시적 계획을 적어 보라. 당신의 생각은

표 12 빅토리아의 놀이시간을 위한 통합된 사다리

단계	사람	위치	활동
1	빅토리아와 반 친구(엄마와 함께)	부엌	공예
2	빅토리아와 반 친구(엄마와 함께)	부엌	보드게임과 카드게임
3	빅토리아와 반 친구(엄마와 함께)	부엌	쿠키 만들기
4	빅토리아와 반 친구(엄마와 함께)	집 밖에서	자전거 타기
5	빅토리아와 반 친구(가족 구성원이 인형 쇼의 마지막 공연을 보기 위해 초대되었음)	빅토리아의 침실	인형 쇼(인형 만들기, 이야기 쓰기, 청중에게 인형 쇼 보여 주기)
6	빅토리아와 반 친구(엄마와 함께)	반 친구의 집	빅토리아는 놀기 위해 좋아하는 게임을 가져옴
7	빅토리아와 반 친구(엄마와 함께)	반 친구를 태우고 공공 수영장에 가기	빅토리아와 반 친구는 공공시간 동안 수영을 함
8	빅토리아와 반 친구	도서관 구경	빅토리아와 반 친구 각각 책 읽기
9	빅토리아와 반 친구	학교 운동장	그네에서 술래잡기
10	빅토리아와 반 친구	학교 교실	경비원이 있는 토요일에 교실에서 "학교" 놀이하기

아이의 안정 수준에 대해 보다 잘 알게 된 뒤 수정되어야 하는 임시 계획임을 명심하라.

표 12는 빅토리아의 놀이시간을 위한 활동, 장소 및 사람 사다리의 통합 단계를 보여 주고 있다. 초기 단계는 집 안에서의 활동을 변화시키는 데 초점을 맞추고 있음을 알기 바란다. 또한 빅토리아가 또래에게 편안하게 말할 수 있게 되었을 때에는 빅토리아의 엄마가 놀이시간에 적극적으로 참여할 필요가 없게 되었다는 점도 알 수 있다. 당신의 아이를 위해서도 이러한 단계들이 효과가 있을 것인가?

대화 매개체로서 당신의 역할

반 친구와 집에서 종종 얘기하는 것은 점진적인 일련의 과정과 단계를 통해 이루어질 수 있다. 처음에는 아이가 친구와 놀기는 하지만 직접 말하지 않을 수 있다. 그 다음에 아이는 당신이나 다른 가족에게 말하는 것을 새로운 친구가 엿듣게 허락할 수 있다. 그 이후 당신을 통해 새로운 놀이친구에게 말하거나 답변할 수 있게 된다. 본질적으로 당신은 아이의 말하기와 관련된 중개자나 다리 역할을 하게 되는 것이다. 마지막으로 그 놀이친구와 더욱 편안하게 되면 아이는 그 친구에게 직접 얘기할 수 있게 된다. 각각의 잘 짜인 놀이시간은 아이들 간에 추가적인 편안한 상호작용을 만들 수 있을 것이다.

부모 개입은 언제 이루어지는 것이 좋은가

놀이시간 동안 말할 때 아이가 자신감을 가질 수 있게 하고 연습을 자극할 수 있도록 하는 데 당신이 중요한 역할을 할 수 있다. 이 장의 초반에서 이미 언급한 바와 같이 놀이시간의 주된 목적은 아이에게 반 친구와 편안하게 상호작용할 수 있는 기회를 부여하는 것이다. 당신은 놀이시간 동안 아이가 침묵하거나 긴장하지 않길—그것은 당신 아이나 새로운 놀이친구에게 전혀 재미있는 것이 아니다—바랄 것이다. 당신 아이가 놀이시간 동안 완전히 침묵하고 억압되어 있다면 이것은 말하는 것에 대한 불안이 가정 상황으로 본질적으로 전이되었다는 것을 나타낸다. 학교에서 그 친구에게 말하는 것에 대한 불안감을 느끼는 것과 아울러 아이는 집에서도 말하는 것에 불안감을 느끼는 것이다. 그것이 문제이다.

이는 당신이 부모로서 초기 몇 놀이시간에 적극적으로 참여해야 하는 이유가 된다. 당신은 반드시 집에서 말하는 것의 불안 패턴과 아무것도 하지 않고 회피하는 것을 막아야 한다. 놀이시간 동안 당신이 언제 적극적으로 개입해야 하는지를 어떻게 알 수 있는가? 당신은 어느 시기의 학교 대화 방문이 유용한지를 결정할 때 사용했던 원칙들과 동일한 것을 따를 수 있다. 아이가 놀이시간 동안 전혀 말하지 않거나 아주 간헐적으로 말한다면 당신의 적극적인 참여가 중요하다. 당신의 존재 자체가 아이의 일반적 안정 수준을 높이고 불안을 감소시키며 아동 간의 상호작용의 가능성을 증가시킬 수 있다. 결국 이는 아이가 더욱 빨리 새로운 놀이친구와 편안하게 대화할 수 있도록 도와줄 것이고 두 아이 모두에게 긍정적인 경험을 할 수 있게 해 줄 것이다.

놀이시간 동안 말하기를 자극하는 요령

아이의 말하는 연습을 독려하고 자신감을 획득할 수 있도록 도와주기 위해서 당신은 아이가 새로운 친구 앞에서 말할 수 있도록 하기 위한 모든 기회들을 찾아보아야 한다. 아이가 새로운 친구에게 직접 말할 준비가 되어 있지 않다고 하더라도 아이는 놀이시간 동안 당신에게 말하기를 시작할 수도 있다. 이러한 간단한 일상의 상호작용을 통해 아이는 자신의 친구가 자신이 말하는 것을 보고 듣게 하면서도 편안함을 느끼는 훈련을 할 수 있다. 그것은 종종 아이가 나중에 그 놀이친구에게 직접 말할 수 있게 되기 위해 자신감을 형성하기 시작하는 좋은 상황이다.

하지만 새로운 친구가 방문하면 아이가 엄마나 아빠에게도 매우 경직되고 제한적으로 말하는 경향을 보일 수도 있다. 아마도 아이가 말을 하는 것보다는 비언어적 방법(예를 들어, 고개를 끄덕이거나 흔들거나 손으로 지시하는 것)으로 당신과 의사소통하려는 것을 볼 수 있을 것이다. 심지어 집에 누군가가 있을 경우 당신과 대화하는 것을 완전히 회피할 수도 있다. 놀이시간 동안 불안하게 느낀다면 아이로 하여금 당신과 이야기할 수 있도록 유도하기 위해 일정한 노력을 기울일 필요가 있다.

아이로 하여금 처음 놀이시간 동안 당신에게 말을 하게끔 하는 것이 중요하지만, 말을 하는 것에 대한 최후통첩을 하지 않는 것 또한 중요하다. 우리는 당신이 아이로 하여금 말하도록 하고 싶은 유혹이 있다는 것을 잘 알고 있다. 부모들은 "네가 친구에게 말을 걸지 않으면 네가 친구를 좋아하지 않는다고 생각할 거야.", "친구가 방문했을 때 네가 말을 걸지 않으면 친구는 다시는 너를 보러 오지 않을 거야." 등과 같이 말하는 압박을 경험할 수 있는 말들을 종종 한다. 좋은 의도로 만들어

졌지만, 이러한 언급들은 아이에게 말하는 부담감을 더욱 증폭시킬 수 있다. 결과적으로 말하는 불안이 증가하고 친구가 왔을 때 더욱 소극적이 될 수 있다. 이미 논의한 것처럼 초기에 아이로 하여금 말을 하도록 유도하는 것은 그렇게 하는 것에 대한 부담감을 없애 주는 것이다. 압박을 제거하게 되면 놀이친구와 상호작용 할 때 일반적인 안정 수준이 증가하게 될 것이다. 또한 친구가 있는 동안 당신에게 말을 할 수 있는 자신감을 얻게 될 것이다.

언급 및 질문하기

그렇다면 어떻게 하면 아이가 직접적인 부담 없이 말할 수 있게 할 것인가? 제7장에서 우리는 학교 대화 방문 시에 말하기를 독려할 수 있는 몇 가지 기술들에 관해 논의하였다. 동일한 전략이 집에서의 놀이시간 동안의 대화 상대로서의 당신 역할에 관해 이용될 수 있을 것이다.

언급하기 ● 놀이시간 동안 먼저 어색함을 없애고 대화를 원활하게 하기 위해 당신은 아이가 하고 있는 놀이에 대해 언급을 하면서 단순하게 관심을 보일 수 있다. 다음은 놀이시간 동안 당신이 할 수 있는 언급들에 관한 예이다. 언급은 아이의 대답을 필요로 하는 것은 아니고 침묵을 없애고 아이들 간의 상호작용(비언어적이라 할지라도)을 자극하는 것이다.

부모 : 그건 정말 화려한 그림이구나, 빅토리아. 나는 네가 만든 솜털 처럼 보이는 구름이 좋구나.

부모 : 와우, 제임스, 너 정말 게임 잘하는구나! 그건 너의 가장 높은 점수지 않니! 참 잘했다.

균형 잡힌 참여 ● 아이가 편안해지기 전까지 새로운 놀이친구와의 대화를 유도하는 업무는 당신의 일이라는 점을 잊지 말기 바란다. 이를 성취하기 위해 아이가 있는 동안 놀이친구와 몇몇 대화를 하고 놀이친구에게 관심을 가져볼 필요도 있다. 이를 통해 당신은 놀이친구가 방문을 좋아하게 할 수 있고 아이를 위한 대화 기술도 참고할 수 있을 것이다.

부모 : 이것 봐 빅토리아, 카렌의 그림이 얼마나 멋진지 보았니? 나는 이 색깔이 정말 좋구나. 이건 너의 집 개를 그린 거니?

부모 : 그래 데이비드, 너도 비디오 게임을 참 잘하는 것처럼 보이는구나. 우리 집에서 제임스와 같이 한 번 해 보지 않으련? 네가 가장 좋아하는 게임은 무엇이니? 이 게임의 다음 단계에서는 뭐가 나오는지 궁금하구나.

부모 : 너희 둘은 정말 재미있는 그림을 그렸구나.

질문하기 ● 놀이 활동에 대한 언급을 할 기회가 있었다면, 이제 아이가 말하는 것을 연습할 수 있도록 어떻게 독려할지 고민해 보라. 아이가 많이 불안해하면, 그의 놀이시간 전에 당신과 말할 수 있는 기회를 주는 것을 생각해 볼 수 있다. 우리는 우선 말이 거의 필요 없는 질문을 사용하기를 권한다. 예를 들어, 아이로부터 단지 한 단어만으로 답변할 수 있는 간단한 폐쇄 질문을 사용하기 바란다. 이러한 것들은 종종 어디, 누구 또는 무엇과 같은 단어로 시작한다. 아이에 대한 말하기 요구를 낮추기 위해서 각각의 질문을 두 가지로 끝낼 수 있다. 그것을 통해 아이는 단지 한 단어로 답변할 수 있고, 무엇이 적절한 것인지 명확해질 수 있다. 다음은 놀이시간의 초기에 이러한 유형의 효과적인 몇 가지 질문의 예이다.

부모 : 이 그림 속에 이 사람은 누구니? 아빠 아니면 할머니?

부모 : 어디서 수예 작업을 하고 싶니? 부엌 아니면 거실?

부모 : 누가 주사위를 먼저 굴릴래? 너 아니면 친구?

부모 : 친구와 어떤 종류의 쿠키를 만들고 싶니? 초콜릿 아니면 오트밀?

부모 : 간식으로 뭘 먹을래? 머핀 아니면 요구르트?

아동이 당신 질문에 대답하면 그 대화를 연장해 갈 수 있는 만큼 연장해 가려고 노력하는 것은 항상 좋은 것이다. 앞의 간식 질문으로 다시 돌아가서 이번에는 부모가 몇 가지 추가적인 폐쇄 질문을 이어간다.

부모 : 간식으로 머핀이나 요구르트 중 뭘 먹을래?

아동 : 머핀요.

부모 : 어떤 종류? 블루베리와 당근이 있는데.

아동 : 블루베리요.

부모 : 간식을 친구와 어디서 먹고 싶니? 부엌 아니면 가족 방?

아동 : 가족 방요.

이 부모는 '무엇'과 '어디'라는 말로 질문을 시작했다는 점에 유념하기 바란다. 당신의 간단한 한 단어 질문에 대답하는 연습을 통해 아이는 놀이친구 앞에서 이러한 종류의 말하기에 편안해지게 될 것이다. 아이가 당신의 간단한 한 단어 질문에 지속적으로 답변을 한다면 다음과 같은 개방식 질문으로 옮겨 갈 수 있을 것이다.

부모 : 내일 식료품 가게에 갈 예정인데, 머핀을 몇 개 더 사고 싶구나. 너는 어떤 종류의 머핀이 가장 좋니?

이 경우 부모는 여전히 간단한 한 단어 답변이 요구되는 질문을 하고 있지만 가능한 답변 후보군이 질문에 포함되어 있지 않다. 믿지 않을지도 모르지만, 그와 같은 미묘한 질문상의 차이가 선택적 함묵증 아동에게는 대단히 힘든 것이 될 수 있다. 새로운 놀이친구가 당신 집을 방문했을 때 아이가 이러한 종류의 질문에 어떻게 대답할 것이라고 생각하는가?

간접적 보상을 가진 질문 ● 직접적 보상을 제공하는 것이 부가적인 압박으로 경험될 수 있음에도 불구하고, 우리는 선택적 함묵증 아동들이 말하는 것을 유도하는 간접적인 보상이 있는 경우 말을 하게 된다는 것을 알게 되었다. 간접적 보상은 얘기되지는 않았지만 말하기의 결과물이 되는 종류의 것을 말한다. 예를 들어, 당신이 아이에게 제기한 질문이 말하기에 내재된 보상을 포함하고 있는 경우 아이는 답변을 하게 될 가능성이 높다. 앞의 예를 보라. 얼마나 많은 질문들이 아이에게 간접적인 보상을 제공하고 있는가? 일반적으로 아동들은 종종 간식, 식사 또는 활동에 관해 선택을 하는 것이 자신들의 선호를 얘기함으로써 간접적으로 보상을 받게 되는 기회를 가진다고 생각하게 된다.

필요한 경우 장소 변경하기

당신의 참여 목적이 아이로 하여금 말하도록 자극하는 것이므로 당신은 그것을 이루기 위해 매우 창의적일 필요가 있다. 아이가 그 친구 앞에서 거의 말이 필요 없는 질문에 대해서도 침묵하고 있다면, 아이의 불안을 감소시킬 수 있는 방법을 고민해 볼 필요가 있다. 활동, 장소 및 사람이라는, 말하는 불안과 관련된 세 가지 요소들을 생각해 보라. 이러한 요소들을 조정함으로써 말하는 부담감을 줄여 줄 수 있는 방법은 없는가?

물리적 장소를 변경하는 것도 종종 아이의 불안을 추가로 낮출 수 있는 효과적인 방법이 된다. 친구가 듣고 있는 경우의 아이의 일반적 안정 수준에 따라 몇 가지 선택이 있을 수 있다. 단순히 아이로 하여금 기대어서 속삭이도록 할 수도 있다. 그것이 아이에게 너무 무리라면 방의 구석진 곳으로 옮겨 가서 해 볼 수도 있을 것이다. 두 가지 경우에 있어 놀이친구는 아이가 말하는 것을 들을 수는 없지만 볼 수는 있다. 그것이 아이가 다른 사람이 자신의 말을 듣는 것을 편안하게 생각하기 전에 거쳐야 할 단계이다. 만약 아이가 자신이 말하는 것을 친구가 보게 되는 것을 편안하게 느끼게 된다면, 곧 또래가 있는 데에서 말을 할 수 있게 될 것이다.

아이가 앞에서 언급한 시나리오에서 말하는 것을 매우 힘들어 한다면, 친구를 다른 방으로 안내할 필요가 있다. 그것은 괜찮다. 당신은 물리적 장소를 약간 변화시킬 수 있을 것이다. 하지만 만약 아이가 말을 할 수 없다면 그를 말하게 하기 위해 필요한 것을 하라. 아이는 우선 놀이친구가 집을 방문했을 때 어떠한 상황에서도 당신에게 말할 수 있도록 충분히 편안하게 느낄 필요가 있다. 선택적 함묵증은 종종 특정 상황에서 자신이 말하고 있는 것을 타인이 엿듣거나 보게 되는 상황에 대한 공포라는 점을 상기하라. 일단 아이가 놀이시간 동안 보다 사적인 상황에서 당신에게 말할 수 있게 되면 당신은 그때 물리적 장소를 점차적으로 변화시킬 수 있을 것이다. 당신은 아이의 말하는 연습이 점점 놀이친구가 있는 곳으로 천천히 옮겨 가도록 구성함으로써 결국 그 놀이친구는 아이의 대답을 들을 수 있게 될 것이다.

마지막으로 대화 매개자로서의 당신의 역할이다. 우리는 당신의 접근이 아이의 발달 수준에 따라 맞춰져야 한다는 점을 상기시켜 주고 싶다. 물론 당신의 언급과 질문들은 당신이 더 어린 아동들과 상호작용할 때는 그 내용이 더 간단해질 것이다. 관계된 아동들이 나이가 많거나 성숙할수록 부모가 놀이시간에 참여하는 것이 더욱 힘들게 된다. 나이가 많은 아동의 경우에도 당신은 여전히 대화를 매개할 수 있지만 발달 수준에 따라 당신의 참여와 언급을 조정할 필요가 있을 것이다. 예를 들어, 2명의 10대 초반 아동들과 공예를 하기 위해 앉아 있기보다는 부엌에서 간식을 먹는 동안이나 아이들을 어디로 데려다 주는 동안 말할 수 있도록 독려하는 것을 선택할 수 있을 것이다. 이 책에서 소개하고 있는 많은 전략들과 마찬가지로 아이의 인지, 정서 및 사회 발달 수준을 존중하는 것이 필요하다. 우리는 다음 장에서 나이 많은 선택적 함묵증 아동들을 지원하는 것에 대한 특별한 어려움을 더 구체적으로 논의하게 될 것이다.

한 번에 한 단계씩 진전하기

놀이시간 동안 말하기를 독려하기 위해 앞에서 소개한 몇 가지 요령들을 읽는 동안 당신은 아이가 점진적으로 편안하게 말하게 될 것이라고 느꼈을 수 있다. 아이가 학교에서 자신의 활동, 장소 및 사람 사다리를 하나씩 올라갈 수 있는 것과 마찬가지로, 아이가 학교를 떠나서도 학급 친구들과 말할 수 있게 도와주는 사다리를 확대시키도록 도움을 받을 수 있을 것이다. 당신의 도움을 통해 아이는 보다 덜 불안을 야기하는 상황으로부터 보다 더 불안을 많이 야기하는 새로운 놀이친구가 포함된 말하는 상황으로 나아갈 수 있다. 만약 아이가 당신이 소개한 새로운 시나리오 하에서 말할 수 없다면, 가능한 한 빨리 보다 작은 사다리 단계를 만들 필요가 있을 것이다. 아이가 자신감을 가지고 말할 수 있게 되기 위해서는 모든 단계에 걸쳐 성공적이어야 할 것이다. 선택적 함묵증 아동들은 각각이 독특하기 때문에 놀이시간 동안 아이가 얼마나 빨리 편안해질 것인지 예상하기 어렵다. 만약 아이가 동네에서 과외 활동을 하는 동안 이미 놀이친구들과 편안하게 말하고 있다면, 당신은 아이가 집에서도 친구들에게 상당히 빨리 말하게 되는 것을 보게 될 것이다. 만약 학교의 일정한 공간(학교 운동장과 같이)에서 학급 친구에게 말하기 시작했다면 당신은 아이가 집에서도 그 학급 친구에게 쉽게 얘기하는 것을 볼 수 있을 것이다. 일반적으로 아이가 같은 나이의 또래 친구들과 편안하게 상호작용을 할 수 있다면, 아이는 놀이시간 사다리를 상당히 빨리 올라갈 수도 있다. 반면에 아이가 대부분의 사회적 공간에서 긴장하거나 불안해하면 그 사다리를 올라가는 데에는 시간이 더 걸릴 것이다.

초기의 몇몇 놀이시간은 당신에게 중요한 정보를 제공할 것이다. 당신은 그 친구와의 사이에서 현재의 안정 수준을 알 수 있고 놀이시간 동안 아이가 올라가야 할 단계의 수도 알 수 있을 것이다. 그 시점에 당신이 얼마나 적극적으로 대화를 유도할 것인지와 아이를 위한 최초의 말하기 훈련을 어떻게 제공할 것인지를 알 수 있고, 아이가 거쳐야 할 다음 단계를 계획할 수 있게 될 것이다. 아이가 다양한 상황에서 새로운 놀이친구와 편안하게 말할 수 있다면, 당신은 다른 학급 친구들과의 놀이시간을 계획할 수 있을 것이다. 여전히 두 번째 또래와의 놀이시간 사다리를 얼마나 빨리 올라갈 것인지를 예측하는 것은 어려운 일이다. 우리는 그것이 각각의 아동들과 아이의 일반적인 익숙함과 상호작용의 안정 수준과 관련되어 있다고 보고 있다. 그렇다면 아동이 적어도 한 반 친구와 친숙함과 편안하게 말할 수 있는 능력을 형성했다면 아이는 자신감을 더 가지게 될 것이다.

놀이시간은 아이가 선택적 함묵증을 극복하는 데 도움을 주는 유용한 전략이 될 수 있다. 아이는 학교 공간으로부터 분리되어 함께 시간을 보낸 반 친구들에게 말하는 것을 확대하게 될 것이다. 이 장에서 설명하고 있는 이러한 사회적 만남들은 단지 아이를 즐겁게 하는 것보다 더 많은 것을 위해 의도된 것이다. 학교 반 친구와 잘 계획된 놀이시간은 아이에게 말하는 연습을 할 수 있는 중요한 기회들을 제공하고 학교에서의 대화 방문과 유사한 기능을 하게 될 것이다. 아이가 학교 밖에서, 나중에는 학교에서 학급 친구에게 편안하게 말하게 된다면 선택적 함묵증을 극복하기 위한 아이의 추진력(momentum)이 증가하고 있다고 볼 수 있다. 다음 장에서 우리는 아이의 진전을 유지하고 성공적인 개입을 보장하기 위한 방법으로서의 추진력의 중요성에 대해 논의할 것이다.

10. 학교에서 아이의 진전을 유지하고 성공을 보장하기

이 장의 목표

- 아이의 진전에 대한 지속적인 관찰의 중요성
- 아이의 진전을 추적하기 위해 말하는 상황 기록표를 만들고 사용하는 방법
- 선택적 함묵증을 극복해 나가는 과정에서 아이의 추진력을 유지하는 방법
- 아이의 지속적인 진전을 보장하기 위한 보상체계의 잠재적 역할
- 말하기가 요구되는 아이의 프로그램에 적응시킴으로써 아이의 학업 성공을 보장하는 방법
- 교사들이 언어중심능력을 평가하는 데 사용할 수 있는 대안 방법
- 아이의 교육적 권리와 특수교육이 필요한 아이로서 공식적으로 확인하는 과정

만약 당신이 이 책의 이 부분까지 만들어 왔고 우리가 설명한 전략들을 사용했다면, 우리는 아이가 당신의 노력으로부터 도움을 받았기를 바란다. 학교 안과 밖에서 대화의 사다리에 올라가는 아이를 도와줌으로써 당신은 아이에게 연습을 통해 말하는 두려움을 직면하는 기회를 주었고 아이를 지원하기 위해 이러한 인내심의 기회를 주었다. 비록 많은 상황의 영역에서 점차적으로 진행될 수 있도록 자신감 있게 말하는 것을 배웠을지라도, 당신은 이미 변화를 보기 시작했을 수도 있다. 어쩌면 아이가 학교에 가는 것을 보다 편안하게 생각하거나 과거보다 학교 경험을 더 즐기는 것처럼 보일 수도 있을 것이다. 또한 당신은 다른 상황에서 아이에 대한 더 많은 자신감을 보았을 수도 있다.

유치원생인 엘리자베스(Elizabeth, 5세)의 부모는 엘리자베스가 점차적으로 다른 사람들과 더 편안하게 상호작용하는 것처럼 보인다고 말하였다. 엘리자베스는 식료품 직원에게 웃었고, 우체부에게 손을 흔들었고, 더 열정적으로 학교에 대해 말하였다. 엘리자베스의 엄마와 교사는 이 책의 제6장의 표 3과 표 4를 사용하면서, 일상 활동 동안 엘리자베스의 일반적인 안정 수준에 대한 중요한 개선을 말하였다. 학교에서 엘리자베스는 아침에 더 쉽게 엄마와 분리되었고 학급활동에 노출되어 더 편안해 보였다. 엘리자베스는 놀이시간 동안 학급 친구 샐리와 대부분의 시간을 보냈다. 엘리자베스는 교실의 코너 탈의실에서 샐리와 함께 낄낄거리고 속삭이는 것이 목격되었다.

2학년인 안토니(Anthony, 7세) 또한 긍정적인 변화를 보였다. 안토니는 학급 친구 맥스(Max)와 함께 축구 연습을 하거나 학교의 조용한 장소에서 잡담하였다. 안토니는 새로운 친구와의 정기적인 놀이시간을 기대하는 것처럼 보였고 놀기 위해 맥스의 집에 몇 차례 초대를 받았다. 담임교사는 안토니가 학급시간 동안 더 많이 편안해 보였고 일상적인 수업에서 활동적으로 참여하게 되었다고 보고했다. 그는 아침에 칠판 위에 날짜를 쓰는 자원봉사를 하기 위해 오른손을 들었다. 그는 교무실 심부름을 기꺼이 하였고, 맥스를 통해 교사에게 심부름 하고 싶다는 자신의 욕구를 표현하였다. 안토니의 담임교사는 어느 날 교실에 들어왔을 때 그로부터 아주 낮은 목소리로 “안녕하세요!”라는 인사를 듣게 되어 감동받았다.

계속해서 진전 관찰하기

아이가 선택적 함묵증을 극복하기 위해 각각의 작은 단계를 축하하는 것이 중요하지만, 진전이 유지되는 것 또한 중요하다. 아이가 학교에서 대화 사다리에 올라가는 동안 당신은 아이의 진전을 조심스럽게 관찰하고 장래의 어려움을 살펴볼 필요가 있다.

진전을 추적하기 위한 기록표 사용하기

제6장에서 일반적으로 안정 수준 기록표를 사용하는 것에 추가하여 당신은 학교 안이나 밖에서 아이가 말하는 상황의 확장된 영역을 추적할 필요가 있다. 만약 당신과 관리팀이 아이가 지금 할 수 있는 것에 대한 최근 기록을 가졌다면, 새로운 상황에서 편안하게 말하는 것을 전달하기 위한 새로운 목표를 설정하는 것이 더 쉽다. 우리는 당신이 주기적

으로 아이의 성공적으로 말하기 기록을 업데이트하기를 바란다. 몇몇 관리팀은 매월 팀 회의 동안 그들의 기록을 업데이트 하는 것을 표준화하였다. 다른 사례에서, 부모가 자신의 관찰과 학교 구성원들로부터 수집된 정보를 사용하면서 업데이트된 기록을 유지하는 책임을 질 수도 있다. 몇몇 부모는 그들의 아이가 새로운 장소와 새로운 활동을 하는 동안에 새로운 사람에게 말하기 시작할 때의 추적을 조직적으로 유지할 수 있는 말하기 성취 발달표를 만들어 사용하는 것이 유용하다는 것을 알게 되었다.

연습 10.1 말하는 상황에 대한 기록 만들기

아이의 말하는 두려움을 극복하기 위해 이미 취했던 단계에 대해 생각해 보라. 아이가 지금 말하는 사람과 상대적으로 편안하게 말하는 아이의 모든 활동의 리스트와 장소를 작성할 수 있는가? 학교 안과 밖에서 아이가 능숙하게 말하는 모든 상황을 확인할 수 있는가?

아마도 당신은 아이를 위한 말하기 성취 발달표가 도움이 된다는 것을 알 수 있을 것이다. 제3장에서 완성된 말하기 상황 평가표와 같을 수도 있다. 표 13은 안토니의 부모가 그의 진전 추적을 유지하기 위해 만든 표이다.

표 13 말하기 성취 발달표

상황	사람				
	엄마	아빠	누나	맥스	학급교사
집에서					
식료품점에서					
레스토랑이나 상점에서					
축구 연습에서					
맥스의 집에서					
학교 운동장에서					
학교 도서관에서					
학교 복도에서					
학교 학급에서					

아이를 위해 발달 기록표를 만들고 사용할 때, 당신은 다음의 제안이 도움이 된다는 것을 알게 될 것이다.

- 말하는 상황을 기록할 때, 활동이나 장소에 의해 각 상황을 극복하는 것처럼 가능한 한 구체적으로 해 보라. 앞의 예에서 관리팀은 안토니가 코너에서, 컴퓨터 랩 영역에서 또는 문 가까이에서와 같이 도서관의 특정한 위치에서 말하는지와 말할 때 어떠한 활동을 하고 있는지 구체적으로 기록하는 것이 유용하다는 것을 알게 될 것이다.
- 각 대화 파트너의 이름을 기록하는 데 추가하여 당신은 각 상황에서 말하는 것이 처음 관찰되었던 날을 찾는 것도 고려할 수도 있다.
- 새로운 말하는 목표의 초점이 되는 사람뿐 아니라 현재 아이가 말하는 사람의 장기영역 과정표를 만드는 것을 고려하라. 몇몇 관리

팀은 실제로 모든 학급 구성원과 이러한 종류의 표에서 중요한 학교 구성원의 이름을 적었다. 모든 대화 파트너의 리스트를 작성하는 것은 관리팀이 아이의 대화 사다리의 다음 단계로 넘어갈 때 도움이 된다.

당신이 과제에 노력을 기울일 수 있는 시간을 가질 수 있을 때, 노트를 꺼내거나 컴퓨터 앞에 앉아 있어라. 그리고 당신이 아이의 진전을 알아보기 위한 말하기 성취 발달표의 초안을 그릴 수 있는지 살펴보라. 당신이 기록표를 작성하면, 당신은 그것을 학교 교사와 나머지 관리팀과 함께 공유할 수 있다. 관리팀의 다른 구성원들은 당신이 기록할 수 있는 정보를 가지고 있는가? 우리는 아이가 진전해 나가는 과정에서 아이의 말하기 성취 발달표를 업데이트하기 위해 학교 직원들에게 정기적으로 확인하기를 바란다. 진전은 종종 느리고 현재 학년을 넘어 더 많은 기간이 늘어날 수도 있다. 이러한 종류의 세부적인 기록표는 관리팀에게 아이의 진전을 계속 추적하는 방법을 제공할 것이다.

추진력 유지하기

아이의 진전으로서의 추진력(momentum)을 유지하는 것은 아이가 선택적 함묵증을 성공적으로 극복하는 것을 보증하는 열쇠다. 우리가 이 책의 앞에서 언급했던 것처럼 아마도 많은 진전의 시간과 느린 추진력의 시간이 있을 것이다(그것이 자연스러운 것이다). 당신이 원치 않는 것은 아이의 진전이 완전히 멈추는 것이다.

아이의 선택적 함묵증은 다른 특정 두려움이나 공포와 같다는 것을 기억하라. 만약 두려움이 조금씩 극복되지 않는다면 그것은 지속될 것이다. 종종 그렇게 하기 위해 의식적인 선택을 하지 않고서도 아이는 자신이 편안하게 느끼는 상황에서 말하는 경향이 있을 것이다. 때문에 아이가 대화 사다리에서 더 어려운 단계에 도달할 때 추진력을 유지하는 것이 중요하다. 만약 아이의 작업이 아이 스스로가 주요한 진전을 만든 후에 느려져서 정지하는 것이 허용된다면 새로운 단계로 향하는 것이 더 어렵게 될 것이다.

정기적인 관리팀 회의

아이를 위해 계속된 진전과 추진력을 확인하는 많은 방법이 있다. 정기적인 관리팀 회의는 이러한 관계에서 매우 도움이 된다. 그들이 당신과 학교 직원들에게 다음 단계의 말하는 목표를 명확하게 하고 아이의 진전을 얘기하기 위한 지속적인 기회를 주기 때문이다. 비록 전체 팀이 정기적으로 만날 수 없을지라도 담임교사와 같이 팀의 주된 구성원과 정기적으로 확인하는 것이 당신에게 여전히 이로울 것이다.

만약 아이를 지원하는 사람들이 대화 사다리의 다음 단계에 대해 미리 합의하였다면, 아이가 준비될 때 그 단계를 위한 연습 기회가 계획될 수 있다. 때때로 대화 방문을 위해 학교에서 장소를 계획하고, 자리 배치를 변화하는 계획을 세우고, 아이와 또 다른 학급 친구와 짝을 지우는 것과 같이 잘 정리되어야 할 다음 단계와 관련된 실무적 문제들이 존재한다.

계획을 위한 변화나 장애물 예견하기

아이를 위해 계속되는 추진력을 보장하기 위한 또 다른 방법은 아이의 진전에 다가올 장애물을 계획하고 예견하고 인식하는 것이다.

대화 파트너의 부재

일정한 시점에 당신은 담임교사가 일정 기간 동안 휴가를 간다거나 대체 교사가 그 자리를 채울 것이라는 얘기를 들을 수 있다. 또는 당신의 바쁜 일정 때문에 다음 달 동안 대화 방문에 참여할 수 없게 되는 상황도 생길 수 있다. 또는 좋아하는 반 친구가(학교 밖에서의 놀이친구) 영원히 이사를 가게 될 수도 있다. 관리팀은 핵심적 상황, 활동 또는 사람들이 이용하지 않을 경우에 끌어올릴 수 있는 대화 사다리의 다양한 단계에 관해 결정할 수 있는가?

학교 방학

특히 예상되는 중요한 변화는 방학이다. 아이는 아마도 겨울, 봄, 여름 방학을 기다린다. 그러나 학교를 떠나 있는 동안, 학교에 관련된 상황에서의 말하는 연습 기회를 만들기가 더 어렵다. 따라서 이러한 예정된 방학을 미리 계획하는 것은 중요하다. 우리는 다음 장에서 당신에게 학교 방학 동안 말하는 연습을 계속 유지하는 법에 대한 아이디어를 제공할 것이다.

보상체계의 사용

이 책 처음부터 끝까지, 우리는 당신의 아이가 준비되기 전에 말하는 것을 심하게 압박하는 것은 아니라고 강조했다. 당신은 말하는 것에 대한 보상체계나 보상물이 아이의 말하는 것에 대한 불안을 증가시키고 압박할 수 있다는 것을 배웠다. 만약 본질적으로 보상체계나 보상물의 제공이 부족하게 계획되거나 한시적이라면, 그것은 말하는 것으로부터 아이를 낙담시킴으로써 역효과를 일으킬 수 있다. 그러나 당신은 선택적 함묵증과 우리가 제공한 전략의 기본 원리를 배웠다. 이러한 정보를 염두에 두고, 보상체계의 잠재적 이점을 보자.

보상체계가 무엇인가

보상체계의 근거는 매우 간단하다. 만약 자신의 행동이 긍정적인 결과를 만들 수 있다면, 사람은 무언가를 할 가능성이 더 높다. 만약 아이가 좋아하는 텔레비전 프로그램을 볼 수 있다면, 저녁식사 후 정리를 더욱 잘할 가능성이 높다는 것을 발견하게 될 것이다. 심지어 성인도 급여가 오를 것이라는 기대하에 매일 일을 하는 경향이 있다.

아동들은 종종 그들의 학업이나 다른 과외활동을 통한 보상과 보상체계에 익숙하다. 그러나 몇몇 부모들은 아동들이 독립적으로 해야 하는 일을 뇌물을 주는 것으로 바라볼 수 있다고 여겨 보상을 사용하는 것을 주저한다. 만약 당신이 그렇게 생각한다면, 당신은 혼자가 아니다. 그러나 보상은 뇌물과 다르다. 전형적으로 뇌물은 당신의 이익을 위해 누군가에게 무언가를 하도록 만드는 것이다. 대조적으로 보상은 아이가 무언가를 하도록 동기를 부여하는 방법이다. 당신은 이러한 차이를 보았는가?

보상체계는 아이에게 도전이나 싫은 것을 하도록 용기를 줄 수 있다. 선택적 함묵증 아동을 위해 잘 고안된 보상체계는 대화 사다리의 한 단계로부터 이동하기 위한 동기부여일 수 있다. 보상은 동기부여 할 수 있고, 노력에 대한 격려일 수 있고, 아동들이 말하는 두려움을 극복하는 동안 경험할 수 있는 스트레스를 줄일 수 있다.

언제 보상체계가 유용한가

당신이 알고 있는 것처럼 선택적 함묵증을 극복하는 데 있어서 아이의 진전이 매우 느리거나 점진적일 수 있다. 어쩌면 아이의 진전이 중요한 추진력을 잃게 되어 정체될 수도 있다. 그러나 보상체계는 지속적인 진전을 보증하기 위한 추가적인 전략으로 유용할 수도 있다.

그러나 아이가 이전의 침묵했던 특정한 상황에서 이미 말하기 시작한 후에 보상체계가 사용되었던 것을 인식하는 것은 중요하다. 예를 들면, 몇몇 연습 후에 엘리자베스는 학교로의 대화 방문 동안 그녀의 부모에게 말하기 시작했다. 안토니는 학교 안이나 밖의 선택적 상황에서 친구 맥스에게 말하기 시작했다. 두 사례에서, 전에 존재하지 않았던 상황에서 말하는 현상이 나타났다. 만약 보상체계를 고려하고 있다면 이것이 필수적인 전제조건이다.

보상체계 목표는 무엇인가

일반적으로 말하는 두려움이나 사회적 상호작용에 직면하기 위한 일반적인 동기부여가 목적이라면, 보상체계는 선택적 함묵증 아동에게 유용할 수 있다. 보상 계획은 특정 상황에서 말하기의 빈도를 증가시키고 말하는 것이 새로운 사람이나 새로운 상황에서 발생할 가능성을 증가시키는 데 유용할 수 있다.

만약 우리가 이 책에서 설명했던 보상 사례의 몇몇을 돌이켜 생각해 본다면, 당신은 왜 그들이 잘못 가게 되었는지 더 잘 알게 될 수도 있다. 만약 아이가 이전에 보상을 성취한 적이 없다면, 특정 상황에서 아동에게 말하는 것에 대한 보상을 주는 것은 도움이 되지 않는다. 그러한 요구를 따르는 것은 아동에게는 너무 큰 단계이다. 결과적으로 보상을 주는 것은 아동에게 말하는 것을 압박하고, 불안을 증가시키며, 문제를 악화시킨다.

경험을 통해 우리는 적은 지시 접근이 최선의 방법이라는 것을 알았다. 말하기를 직접적으로 목표로 하기보다는 관련된 행동을 목표로 삼는 것이 가장 효과적인 보상체계이다. 예를 들면, 안토니는 학교 대화 방문 동안 부모에게 큰 소리로 책을 읽는 행동에 대해 점수를 얻었다. 보상을 위한 목표 행동은 본질적으로 말하는 것보다 읽는 것이지만, 안토니는 이러한 읽기 프로그램을 통하여 학교에서 크게 말하는 연습을 하였다. 나이가 많은 선택적 함묵증 아동은 읽어 왔던 책에 대한 질문에 정답을 말했을 때 점수를 얻을 수도 있다. 이 사례에서 행동 목표는 학급에서 큰 소리로 말하는 것보다 책을 읽는 것이지만, 아동이 그 과정에서 말하는 연습을 하게 되는 것이다. 본질적으로 간접적 보상체계는 또 다른 활동의 상황에서 말하기의 보상이다. 당신이 생각할 수 있듯이 이러한 종류의 보상체계는 아이에게 동기를 부여할 가능성은 높이면서도 그들이 목표처럼 말하도록 강조하지 않기 때문에 불안을 최소화할 수 있을 것이다.

어떻게 이러한 종류의 보상체계를 설정하는가

당신에게 보상체계의 기초 단계를 경험하게 해 줄 좋은 양육 자원들이 많이 있다. 다음 요소는 당신이 명심할 필요가 있는 몇 가지 기본적인 것들이다.

- 당신과 관리팀은 무엇보다 당신이 독려하고 싶은 행동의 결정이 필요하다. 이것은 아이가 노력에 대한 보상을 받았을 때 그 행동이 명확하도록 하기 위해 매우 구체적인 행동을 선택하는 것이 중요하다.
- 가능하다면 읽기, 이야기에 대한 질문에 답하기, 자신의 예술 활동을 설명하는 것과 같이 말하기의 간접적인 결과의 행동들을 목표로 삼는다.
- 보상체계를 유지하는 것을 시도한다. 너무 많은 행동 목표는 너무 복잡하게 만든다. 1개에서 3개 행동 목표는 최고의 방법인 듯하다.
- 당신이 직접적으로 말하는 것을 목표로 삼을 때, 아이가 현재 성취할 수 있는 목표와 함께 시작한다. 예를 들면, 아이가 최근에 말하기 시작했던 상황에서 더 빈번하게 말하는 것을 목표로 삼거나 아이의 현재의 달성과 유사한 새로운 상황에서 말하는 목표를 삼는다.
- 행동 목표가 발생한 후에 가능한 한 빨리 아이에게 보상을 준다. 아이가 학교에서 보상을 받을 경우를 대비해서 담임교사로 하여금 보상체계에 동참시키는 것은 중요하다.
- 당신이 아이에게 보상을 주었을 때, 그 이유가 매우 분명해야 한다. 아이가 했던 것 중에 당신이 좋아하는 것과 왜 당신이 그것을 하는 아이가 자랑스러운지를 정확하게 아이에게 설명해라. 예를 들면, "나는 수업시간에 내 옆에 서 있는 대신에, 이번 주 수영장에서 다

른 아이들과 함께 놀았던 것을 좋아했다."라고 아이에게 말하였다. 이것은 "오늘 정말 잘했다."라는 단순한 말보다 더 효과적이다.

- 대부분 사례에서 작고, 간단하고, 빈번한 보상은 더 크고, 덜 빈번한 보상보다 더 효과적이었다.
- 아이의 노력에 적절한 보상을 결정하는 데 있어서 확실한 것은 아이가 최고로 가치 있다고 여기는 것이다. 아이와 함께 보상에 대해 긍정적인 생각을 얘기하고 적절한 보상에 대한 결정을 확실히 해야 한다.
- 보상 계획은 물질적 보상(예를 들면, 좋아하는 레스토랑 여행이나 당신이 빌릴 영화를 고르게 하는 것)과 비물질적 보상(예를 들면, 칭찬, 부모와의 일대일 시간, 다인승 자전거 타기)을 포함할 수 있다.
- 보상 옵션을 일으킬 때, 지루하게 되는 것으로부터 아이를 보호하기 위해 몇몇 다른 보상을 가져오는 것이 도움이 된다. 아이가 옵션 메뉴로부터 받은 보상을 선택하도록 허용한다.
- 마지막으로 최고의 보상체계는 동기부여의 장기적인 원천과 즉각적이고 단기적인 보상의 균형 유지임을 명심하길 바란다. 예를 들면, 아이의 노력에 대해 즉각적인 스티커 보상을 주는 것에 추가하여, 엘리자베스의 부모는 아이의 장기 목표(새로운 애완동물 쥐)를 위한 점수로서 각각의 스티커를 계산했다.

어린 아동들의 많은 부모는 시각적이거나 실제적인 보상체계를 만들었고, 목표 행동에 참여하는 아동에게 매 시간 차트 위에 스티커나 별을 붙여 주었다. 만약 당신이 보상 차트를 사용한다면, 아이가 차트를 쉽게 볼 수 있고 아이가 진전을 잘 인식할 수 있는 장소에 차트를 붙여라. 예를 들면, 엘리자베스의 부모는 아이에게 매 시간 스티커를 주었고, 그 결과 아이는 용감하게 수영지도를 받으러 갔고, 집에서 놀이시간에 참여하였다. 스스로 학교버스도 탔다. 보상 차트는 냉장고 문에 붙였고 엘리자베스는 스스로 차트 위에 각 스티커를 붙일 수 있는 것에 대단한 자부심을 가졌다. 안토니의 담임교사는 책상의 코너에 보상 차트를 붙여놓았다. 매 시간 안토니는 학급에서 질문에 답하거나(친구 맥스를 통해서) 칠판에 가서 자원봉사를 했다. 그의 선생님은 보상 차트 위에 행복한 얼굴을 넣었다.

만약 당신이 부모라면, 우리는 당신이 몇몇 보상체계 경험을 가지고 있다고 확신한다. 부모들은 종종 이전에 이러한 종류의 것을 시도했다고 얘기한다. 비록 보상체계의 기본 원리는 쉽게 이해할 수 있을지라도, 아이를 위한 잘 계획된 체계를 개발하는 것은 어려운 일이다. 행동관리에서 전문적인 기술을 가진 관리팀의 구성원은 종종 이러한 측면에서 조언을 받을 수 있는 좋은 자원이다.

요컨대 보상체계는 추진력을 보장하는 데 도움이 되는 도구이지만 그것은 아이의 단계와 진전의 정도에 따라 다르다. 비록 효과적인 보상체계 설계를 위해서 기본적인 원리가 적용될지라도 당신은 말하기를 격려하는 체계가 선택적 함묵증 아동에게 어떻게 달라져야 하는지 주의깊게 생각해 보는 것이 중요하다. 보상체계를 경험하는 대부분의 아동들은 목표 행동에 관계된 불안을 경험하지 않을 수도 있다. 아마 아이도 그럴 수 있다. 결과적으로 보상체계는 또 다른 공포를 만드는 요소로 기능하기보다 오히려 아동에게 용기를 갖게 하는 동기부여가 필요하다.

관리팀과의 협동에서 당신은 보상체계가 아이에게 도움이 될 수 있는지 아닌지를 결정하게 될 것이다. 만약 아이가 그러한 계획 없이 잘 진전하고 있다면, 당신은 보상 없이 지속적으로 선택할 수도 있다. 반대로, 모든 것이 잘 진행되고 있을 때에도 보상체계를 선택할 수 있다. 아이가 이미 진전을 이루고 있다면 정체기를 극복하고 향상을 가속화하는 것이 더 쉽다. 그리고 만약 아이의 진전이 두드러지게 느리거나 나이가 많다면, 보상체계가 아이로 하여금 말하는 두려움을 직면하게 도울 수 있을 것이다.

학교에서 아이의 학업 성공을 보장하기

당신과 관리팀의 지지에도 불구하고, 아이는 선택적 함묵증에 대한 작업 시간이 필요할 가능성이 있다. 비록 아이가 말하는 두려움을 극복하는 시간이 얼마나 될지 예측하기 어려울지라도 미래 학업 예측과 그것들을 충족시키기 위한 아이의 능력을 바라보는 것은 중요하다. 아이가 학업에 진전이 있을 때, 구술 의사소통 기술의 요구가 증가될 가능성이 있다. 관리팀은 도전적인 상황에서 말하는 것과 관련된 장래의 학업요구조건에 대한 어려움을 위해 미리 계획을 세우고 문제를 해결할 필요가 있다.

아이의 학업 프로그램 욕구 적응시키기

제1장에서 우리는 선택적 함묵증 아동들의 전형적인 학업 진전에 대해 얘기하였다. 부모와 학교 교직원의 걱정을 이해함에도 불구하고, 선택적 함묵증이 학업 진전을 방해한다는 연구는 아직 없다. 종종 선택적 함묵증 아동들은 그들의 능력과 함께 일관된 비율로 학업이 진전되었다. 그 결과, 학급지도 변경이 전형적으로 선택적 함묵증 아동들에게 필요하지는 않았다. 그러나 아동은 말하도록 요구되는 과제나 확실한 활동에 작은 변경으로부터 이점이 있을 수 있다. 예를 들면, 엘리자베스는 비언어적 제스처에 의존하고 있을지라도 보여 주고 말하는 시간 동안 항상 참여하였다. 엘리자베스 반 친구가 엘리자베스에게 그녀가 보여 주고 있는 물건에 대한 대답을 요구했을 때, 교사는 엘리자베스가 "네." 또는 "아니요."라고 답할 수 있도록 그 질문들을 바꾸어 말할 수 있다. 그러한 방법을 통해 엘리자베스는 반 친구에게 대답하기 위해 고개를 끄덕이거나 손을 흔들 수 있다. 안토니의 2학년 선생님은 때때로 안토니를 학급시간에 불러서 그 대답을 그의 친구 맥스에게 속삭이라고 하였다. 이러한 반 친구는 남은 시간 동안 안토니의 대답을 공유할 것이다. 집단 과제 동안 안토니는 균등하게 참여해야 할 것이다. 그러나 학급에서 집단을 소개할 때, 안토니는 비언어적 제스처를 사용하여 자료를 쥔 채 비언어적으로 참여했다. 물론 당신이 이 책에서 읽었던 것처럼 아이는 학교에서 비언어적 방법으로 참여할 수 있어야 한다. 그러나 말하기를 요구하는 과제나 임무를 위한 변화들은 아이의 불안을 줄일 수 있고 학급에서 일반적인 자신감을 증가시킬 수도 있다.

학교에서 아이의 성공적인 경험을 보장하기 위해 단기 전략과 같은 구술 활동이나 과제를 조절하는 것은 당신과 학교 교직원들을 위해 중요하다. 아이가 이러한 요구를 충족시킬 준비가 아직 안 되었을 때, 이러한 종류의 변화는 단기간에 말하는 압박을 줄이는 데 도움이 된다. 그러나 그녀의 대화 사다리를 올라가면서, 학급활동과 과제를 하는 동안 더 힘든 말하기 관련 기대 상황을 설정할 수 있다. 예를 들면, 내년 3학년에서 안토니의 학급은 그들의 선택 주제에 대해 단기 발표가 주어질 것이다. 비록 안토니가 그 시간이 다가올 때 전체 학급 앞에서 말하는 것이 준비되지 않더라도, 담임교사는 적은 수의 학급 친구에게 안토니의 발표에 대해 질문할 수도 있다. 맥스는 선택된 청중의 한 사람일 가능성이 높다.

아이의 학업 과정 평가하기

학급활동과 과제를 가끔씩 변경하는 것 이외에도 당신은 아이를 평가하는 것이 어려운 일이라는 점을 인식할 필요가 있다. 아이가 교실 안에서 말하는 것이 내키지 않음을 고려할 때, 학업 진전을 평가하는 것은 교사에게 대단히 어려울 것이다. 제2 외국어의 습득이나 읽기 능력 발달, 구술 의사소통 능력의 평가가 필요할 때 실제로 이는 교사에게 있어서 주된 걱정이다. 아이의 학년 수준에 달려 있지만, 교사는 구술 언어를 통하여 전형적으로 증명하게 될 다양한 학업 능력을 평가할 필요가 있다. 교사들은 학급 토론 동안 구술로 생각을 의사소통하고 언어 상호작용의 관찰을 통하여 다른 사람과 어울리는 능력, 크게 읽고 질문함으로써 읽기 기술에 대해 아동의 능력을 평가하는 경향이 있다. 만약 아이가 학교에서 전혀 말을 하지 않는다면(드물게만 말하거나), 교사는 아이의 현재 능력을 쉽게 평가할 수 없다. 결과적으로 평가 방법 기준에 관한 변화가 필요할 것이다.

약간의 창조성을 가지고, 당신과 관리팀은 아이의 학업 진전을 평가하기 위한 대안적 방법들을 발달시킬 수 있다. 비록 아이의 고유한 욕구와 학년 수준의 요구조건이 최선의 선택이라 할지라도, 다음의 것은 선택적 함묵증 아동을 평가하기 위한 제안된 접근들이다.

비언어적 평가 방법

이것은 말하는 것을 요구하는 평가 방법의 가장 명백한 대안이다. 가능하다면 교사는 비언어적 평가 방법을 허락하는 방식으로 구술 평가 측정을 수정할 수 있다. 예를 들면, 아이는 단어의 의미를 증명하기 위해 그림을 가리킬 수도 있다. 또는 아이가 글쓰기 방법을 통하여 의사소통을 하기에 충분하다면, 구술 평가를 글쓰기 과제로 바꿀 수도 있다.

부모 보고의 사용

만약 학업 진전의 비공식적인 기준이 교사에게 도움이 된다면, 당신은 아이의 기술 수준에 대한 정보를 제공할 수 있다. 예를 들면, 아이의 교사가 일반적인 읽기 기술을 평가하는 데 관심이 있다면, 교사는 아이가 읽어야만 하는 책이나 특정한 구절을 당신에게 제공할 수 있다. 집에서(아이가 더 편안하게 말하는 곳) 당신은 할당된 과제를 큰 목소리로 읽도록 해야 한다. 필요한 정보에 대해 교사로부터 미리 몇몇 조언을 얻어 당신은 디코딩시에 아이가 한 실수를 꼼꼼하게 기록하고, 단어를 말할 때 얼마나 끈기 있게 하는지 혹은 자료를 읽을 때 얼마나 시간이 소요되는지를 추적할 수 있을 것이다.

아이의 녹음이나 녹화

교사들은 아마도 저녁 대화 동안, 좋아하는 노래를 하는 동안, 알파벳을 암송하거나 아동이 말하는 상황에 대한 생생한 기록이 평가를 위해 매우 도움이 된다고 보고할 것이다. 아이가 학교 상황 안에서 매우 조용하다는 것을 고려할 때, 교직원은 아이의 목소리를 듣는 기회를 갖는 것을 감사해야 한다.

보다 공식적으로 녹음이나 녹화된 샘플은 교실에서 말하는 것을 요구하는 학업 과제의 좋은 대안이 될 수 있다. 예를 들어, 아이가 구술 책 보고서를 말하거나 발표해야 한다면, 이러한 과제가 집에서 기록될 수 있을 것이다. 평가 시점의 아이의 안정 수준에 따라 교사는 혼자, 아이와 함께 또는 반 친구인 청중과 함께 테이프를 들을 수 있다.

그러나 우리 경험에 비추어 볼 때 아동들의 녹음에 대한 이해의 수준은 아이에 따라 다르다는 점을 이해하기 바란다. 예를 들면, 엘리자베스는 학급에서 배웠던 자신의 노래를 테이프로 재생하는 것을 흥미로워했다. 반면 안토니는 자신의 목소리가 녹음되어 다른 사람이 자신의 목소리를 듣는 것에 대해 불편해 했다. 아이가 다른 사람 앞에서 이와 같이 단기적인 말하기의 대안을 편안하게 생각할 수 있도록 도와주기 위해 연습을 할 수 있게 해 주어야 한다. 숙제의 기한이 임박하거나 교사가 아이의 능력을 확인할 필요가 있어서 아이를 녹음하는 대신 단지 놀기 위해 녹음을 해 보라. 우리는 저녁식사 대화를 녹음하여 이후에 그것을 같이 들어 본 가족들에 대해 알고 있다. 종종 테이프에서 형제자매나 부모가 말하는 것을 들으면서 아이는 웃을 수 있다. 다른 가정에서는 부모와 아이가 매일 밤 잠자리에서 책을 읽어 주는 것을 녹음했다. 많은 선택적 함묵증 아동들은 새로운 경험에 익숙해지는 데에는 추가적인 시간이 필요하다는 점을 고려할 때 아이에게도 가능하면 녹음하는 것을 연습할 수 있도록 해 주어야 한다. 만약 아이가 기꺼이 연습을 하고자 한다면, 평가 목적으로 녹음을 하더라도 아이는 보다 편안할(그리고 자신의 진정한 능력을 더 많이 보여 줄) 수 있을 것이다.

학급에서의 글쓰기 시험

나이 많은 선택적 함묵증 아동을 위해 쓰기 평가의 변화를 고려하는 것은 중요할 수도 있다. 선택적 함묵증 아동은 일반적으로 불안하기 때문에 나이 많은 아이는 쓰기 시험을 완수하기 위해 추가적인 시간을 가짐으로써 이점이 있을 수 있다. 이는 불안에 기인한 집중력 상실이나 일반적인 억압을 상쇄할 수도 있다. 유사하게 교실이라는 큰 그룹상황에서 시험을 치르는 대신에, 아이는 보다 더 편안하게 느끼는 분리된 방에서 시험을 치르는 기회를 얻을 수 있다.

학업 프로그램의 형식적인 변화

아이의 학년, 학교 및 학교를 관리하는 운영위원회에 따라 달라지겠지만, 학업 프로그램을 만들기 위해 어떠한 변화가 이루어져야 하는지를 결정하는 공식적인 기준들이 존재할 수 있다. 반대로 몇몇 학교들과 학교 운영 위원회는 필요한 경우 아이의 프로그램을 조정하는 것을 비공식적으로 고려할 수 있다. 일부 학교 체계는 아이를 특수한 학업 욕구를 가진 아이로서 공식적으로 확인하도록 요구를 할 수도 있다. 아이의 욕구에 대한 이러한 공식적인 확인을 준수하면서 아이의 학업 프로그램의 어떤 변화는 서면으로 승인되었다. 남아메리카에서 이 서면 서류는 전형적으로 개별 교육 계획(individual education plan)이거나 개별화 교육 프로그램(individualized education program, IEP)으로 불린다. 이는 본질적으로 교사가 아이의 욕구를 충족시키기 위해 기대나 지시를 어떻게 변화시킬 것인지에 관한 서면화된 개요라고 할 수 있을 것이다. IEP는 학교에서 아이의 불안을 감소시키기 위해 만들어진 일반적인 편의장치이고 교실에서의 활동의 작은 변화나 구두 참여가 일반적으로 요구되는 평가에 대한 대체적 형식이라고 간단히 말할 수 있다. 이와 같은 종류의 계획이 승인된다면 당신은 교직원이 정기적으로(예를 들어, 연 단위로) 그 계획의 적정성을 검토할 것이라고 기대할 수 있다.

당신이 어느 나라에 살고 있는지와 관계없이 아이의 교육권과 욕구는 법에 의해 보호 받는다. UN 504장과 장애 아동 교육법(IDEA)은 선택적 함묵증 아동들의 권리를 보호하는 법률들의 예가 될 수 있다. 캐나다에서는 교육법과 같은 지방 법률이 동일한 기능－특수 교육 필요성을 가진 아동들의 권리를 인식하고 보호하는 방법－을 하고 있다. 부모로서 당신은 학교와 학교 운영위원회로 하여금 아이의 학업적 필요성을 충족시키기 위해 노력하도록 안내하는 법률들에 대해 더 많이 아는 것이 도움이 될 것이다. 당신은 지역 학교 운영위원회로부터 이러한 정보를 얻을 수 있고 인터넷에서 이러한 주제로 검색을 해 볼 수도 있을 것이다.

선택적 함묵증을 극복하고 아이의 학업 성취와 진전을 보장하기 위해서는 세심한 관찰과 계획이 요구된다. 아이가 대화 사다리를 올라가고 있을 때 그 추진력을 유지하는 것도 중요하다. 아이의 개선에 영향을 미치는 일체의 장애물을 둘러싼 문제들을 예측하고 해결하는 것이 중요하다. 다음 장에서 우리는 아이의 개선에 영향을 미치고 궁극적으로 선택적 함묵증을 극복하는 수준에 이르게 하는 다양한 요소들을 심도 있게 살펴볼 것이다.

11. 진전에 영향을 미치는 요소들 : 피터의 사례 재확인

이 장의 목표

- 아이의 선택적 함묵증 극복과 진전에 영향을 줄 수 있는 요소들
- 나이 많은 선택적 함묵증 아동을 지원하는 동안 겪게 될 어려움

이 책의 서론에서, 우리는 당신에게 사라와 피터와 같은 선택적 함묵증 아동의 사례를 제시했다. 사교적인 소녀 사라(6세)는 학교생활에서 말하는 것에 대한 공포를 가지고 있었다. 사라는 가족, 다른 성인들 그리고 심지어 특정한 상황에서 반 친구에게 쉽게 말할 수 있었다. 사라는 비언어적인 의사소통에 의존하였지만, 다른 사람들과 놀이하는 것을 즐겼고 사라의 반 친구는 사라를 좋아했다. 우리는 이 책에 제시된 전략들을 사용하면서 사라가 선택적 함묵증을 극복하는 데 있어서 중요한 진전을 이루기를 바랐다.

피터(11세)는 대도시 학교에 다니는 학생이었다. 피터의 선택적 함묵증과 사회적 상황에서의 일반적인 불안은 더 광범위해졌다. 피터는 가족을 제외하고는 또래 친구나 성인에게 말하지 않았다. 피터는 사회적으로 고립되었고, 혼자 시간을 보내는 것을 좋아했으며, 어떤 과외활동들에도 참여하지 않았다. 또한 피터는 다른 사람들과 함께 편안하게 상호작용(언어적이나 비언어적)을 연습하는 기회들이 적었다. 당신이 피터에 대해 알고 있는 것을 고려할 때, 피터가 선택적 함묵증을 극복해 나가는 데 어떠한 종류의 진전을 보였으리라고 생각하는가? 피터의 진전 수준이 사라와 비교할 때 어떻다고 생각하는가?

진전에 영향을 미치는 요소들

비록 이 책의 많은 전략들이 피터를 도울 수 있다고 믿는다 할지라도 우리는 피터의 진전이 더 느릴 것이라고 예상한다. 당신은 왜 그렇다고 생각하는가? 선택적 함묵증이 다양한 기여요소들의 결과인 것처럼 아동이 함묵을 극복할 수 있는 비율에 영향을 미치는 일정한 요소들이 있을 수 있다. 선택적 함묵증 아동들의 진전을 깊게 추적하고 진전에 영향을 미치는 요소들을 신뢰성 있게 규명한 연구들은 아직까지 없다. 우리의 임상 경험에서 우리는 어떻게 아동이 선택적 함묵증을 빨리 극복할 수 있는지에 대한 확실한 요소들을 찾았다.

수줍음 또는 불안한 기질

우리가 제2장에서 선택적 함묵증에 기여하는 것처럼 보이는 요소들을 설명했을 때, 우리는 수줍음 또는 불안한 기질에 대해 언급한 바가 있다. 익숙하지 않은 사람들이나 상황에서 수줍어하거나 시간이 걸리는 아동들은 종종 첫 학교 경험에 적응하는 것이 어렵다는 것을 알게 되었다. 그들은 불안을 익숙하지 않은 사람과 상호작용하거나 말하거나 수행해야 하는 인지된 예상과 연관시킬 수도 있다. 진전 과정에서의 기질적인 영향은 정도의 문제일 수도 있다. 반대로 사라는 몇몇 학급 친구보다 더 수줍어하거나 불안한 기질을 가진 것처럼 묘사되었지만, 피터의 조심성 있는 스타일은 더 심하다. 일반적으로 아이의 수줍음이나 불안한 기질이 심하면 심할수록 새로운 환경에 적응하는 데에는 더 많은 시간이 소요된다. 이것은 학교에서의 대화 방문이나 놀이시간과 같이 아이가 편안하게 말하는 것을 연습하도록 돕기 위해 고안된 상황에서 특히 적용될 것이다. 결국 새로운 경험에 편안하게 되기 위해 추가적인 시간이 필요하기 때문에 진전이 느리게 될 수 있는 것이다.

함묵의 지속

이 책의 처음부터 끝까지 우리는 초기 개입의 중요성을 강조했다. 아이의 말하는 두려움에 대해 치료하는 것은 이르면 이를수록 좋다. 학교에서 수년 동안 지속된 피터의 선택적 함묵증은 아이가 경험한 불안을 의미한다. 본질적으로 피터의 말하는 두려움은 피터가 다루는 법을 모르는 회피 방식과 불안을 야기하는 상황을 통해 반복적으로 강화되었다. 일반적으로 선택적 함묵증이 수년 동안 지속된다면 그것을 극복하기 위해서는 더 많은 시간이 소요될 것이라고 예상할 수 있다.

함묵의 심각성

말하는 두려움에 대한 범위는 아동에 따라 다양할 수 있다. 사라와 같은 몇몇 선택적 함묵증 아동들은 다른 상황에서는 편안함을 느끼지만 학교에서 말할 때는 불안을 경험하는 듯하다. 그러나 피터는 그의 불안이 더 많은 상황 영역에서의 말하기와 연관되어 있다. 사실 피터는 가족 이외의 상황이나 대부분의 상황에서 말하는 것이 편치 않아 보였다. 피터는 학교 안에서나 밖에서나 반 친구나 성인들에게 편안하게 말하는 수준의 진전이 필요했기 때문에 피터의 어려움은 사라의 것보다 더 컸던 것이다. 피터와 같은 선택적 함묵증 아동은 아마도 그의 함묵을 극복하기 위해 시간이 더 필요할 것이다.

집과 학교 간의 부족한 또래 관계

선택적 함묵증에 기여하는 요소로서 제2장에서 묘사된 것들 중에서 우리는 상황에 따른 또래관계에서의 불일치를 확인했다. 본질적으로 이는 아이가 학교에서 말하는 반 친구와 동네에서 알고 말하는 친구가 겹치지 않을 때 발생한다. 사교적인 소녀가 되었음에도 불구하고 사라는 가족의 빈번한 이사로 인해 그녀의 새로운 이웃으로 살고 있는 학급 친구를 사귀지 못했다. 피터의 다른 사람들과의 상호작용을 회피하는 경향(및 피터 가족이 직계 가족과만 시간을 보내고자 하는 가족 성향)은 가족 이외의 사람들과 편안하게 상호작용할 수 있는 기회를 감소시켰다. 사라는 이웃에 있는 다른 아동들을 친구로 만들 수 있을 거라고 기대할 수 있었지만, 피터의 사회적 불안과 다른 사람들과 편안하게 말하는 자연스러운 기회를 회피하는 성향을 고려할 때 피터의 경우에는 친구를 만드는 것을 기대한다는 것이 더욱 어려웠다. 함묵을 극복하기 위해서 피터는 반 친구들이나 성인들과 사회성을 연습하는 많은 기회가 필요할 것이다. 또한 피터는 도움, 격려, 그의 부모와 관리팀의 인내심 있는 지원이 필요할 것이다.

추진력 유지하기

비록 우리가 제10장에서 추진력에 대해 얘기했을지라도, 우리는 아이의 진전에 영향을 미치는 요소로서 이러한 개념의 중요성을 강조하고자 한다. 아이가 함묵을 극복하기 시작했다면, 대화 사다리를 올라가는 것을 유지하는 것이 중요하다. 의심의 여지없이 당신은 자신감 있게 말하기 위해 새로운 단계를 밟아 나가는 것이 아이가 상당기간 궤도에서 이탈해 있거나 진전을 하지 못한 경우에 더 어렵다는 것을 알게 될 것이다. 만약 일정한 진전의 수준이 유지될 수 있다면 아이(와 그를 지원하는 사람들)는 더욱 쉽게 계속적인 진전을 얻을 수 있게 될 것이다.

나이와 발달 수준

일반적으로 나이 많은 선택적 함묵증 아동들은 그들의 어려움들을 치료하기 위해 보다 더 집중적인 지원과 더 많은 시간이 요구된다. 함묵이 더 길게 지속된다는 사실에 추가하여 아이의 인지발달에 불가피하게 새로운 문제들이 유발될 것이다. 아이가 성장해 갈수록 자신의 어려움을 더 인식하게 될 것이고 어떻게 그것들이 다른 사람들과 자신을 구분하는지에 대해서도 알게 될 것이다. 아이는 불안을 야기하는 상황에 참여하기를 주저하고 남의 이목을 더 의식할 수도 있다. 또한 아이는 의식적으로나 무의식적으로 세련된 회피전략들을 더 많이 사용하기 시작할 수도 있다. 예를 들면, 피터는 자신이 시계를 착용하지 않았다면 낯선 사람에게 시간을 얘기해 줄 필요가 없었다는 것을 알게 되었다. 또한 나이 많은 선택적 함묵증 아동들은 불안을 일으킬 수 있는 사회적 상황을 물리적으로 피할 수도 있다.

아이의 독립심이 더 강해지는 경우 말하기를 연습하기 위한 기회를 마련하는 것은 더 어렵게 된다. 아이는 다른 사람들과 함께 연습할 수 있도록 고안된 과외활동에의 참여를 거부할 수도 있다. 그리고 아이는 자신의 사회적 일정표(social calendar)를 마련하거나 대화 방문을 위해 당신이 학교에 오는 것을 원하지 않게 될 것이다. 나이 많은 선택적 함묵증 아동들에게 부모 지원으로서 당신의 역할은 아동의 발달 수준에 맞게 해주는 것이다. 아이의 높아진 성숙도를 고려할 때, 종종 실제 개입 프로그램에 대한 책임을 갖도록 아이에게 요구하는 것이 매우 중요하다. 10대 청소년(10~19세)은 활발한 관리팀의 구성원이 되는 것을 통해서 도움을 받을 수도 있다.

우리는 이 책에서 묘사된 전략들의 기초를 이루는 일반적 원리들이 나이 많은 선택적 함묵증 아동에게 도움이 될 수 있는 점들을 알았다. 그러나 당신은 그것들을 이용하는 방법을 수정하는 것이 필요할 경우도 있다. 예를 들면, 학교에서 아이와 함께 대화 파트너로서 활동하는 것보다 오히려 단체에서 하키게임이나 학교 자금조달 모임에서 일정한 역할을 할 수도 있다.

대개 아동들이 청소년으로 성장해 갈 때, 또래관계를 형성하는 데 더 중점을 두는 것이 중요하다. 아이는 다른 사람과 함께 얘기할 때 그의 안정 수준과 관계없이 사회 활동에 참여하도록 격려되어야만 한다. 운동 팀이나 학교 클럽과 같이 구조화된 과외활동들은 종종 나이 많은 선택적 함묵증 아동들에게 동갑 친구와 상호작용을 할 수 있는 좋은 기회이다. 우리가 이 책에서 묘사한 것처럼 반 친구와 관계를 맺는 것은 선택적 함묵증을 극복하기 위해서 아이의 능력을 더 촉진할 것이다. 아이는 비언어적으로 편안히 상호작용하게 될 것이고 그리고 나서 일정한 상황에서 반 친구와 말하기 시작하게 될 것이다. 일단 아이가 학교에서 적어도 한 명의 반 친구에게 말하게 된다면, 관리팀은 2명의 학생들이 함께 시간을 보낼 수 있는 기회를 마련할 수 있다. 예를 들면, 관리팀은 숙제나 학교에 기반을 둔 다른 활동을 위해 학생을 짝짓게 할 수도 있다.

나이 많은 선택적 함묵증 아동들의 요구에 반응하기 위해 당신은 개별치료를 다시 생각할 수도 있다. 제3장에서 당신은 불안의 치료 형태에서 가장 효과적인 인지행동치료에 대해 배웠다. 비록 인지행동치료가 어린 아동들에게 사용되기 어렵더라도 나이 많은 아동의 인지발달 수준에서는 이 접근이 적절할 수도 있다. 사회적 상호작용의 보완요소로서 인지행동치료는 그의 사고 패턴을 변화하게 함으로써 불안을 줄이는 것을 도울 수 있다. 심지어 초기에 치료사에게 말하는 것이 불편한 아동들은 쓰기나 녹음, 녹화와 같이 다른 수단을 통하여 그들의 생각들과 의사소통 할 수 있다.

나이 많은 선택적 함묵증 아동을 지원할 때 가장 중요한 것은 아동 자신의 동기부여 근원을 확인하는 것이다. 함묵이 얼마나 많이 지속되었는지와 관계없이 아동들은 종종 그들의 함묵을 극복하려는 강력한 소망을 가진다. 아이의 어려움을 극복하기 위한 개인적 목표를 검토하는 것은 진전을 보장하고 궁극적으로는 말하는 두려움을 극복하는 데 있어서 그 성공을 보장하게 될 것이다.

12. 학교 이동을 위해 아이를 준비시키고 다음 해를 계획하기

이 장의 목표

- 아이의 학교에서의 이동을 준비하는 것이 가지는 이점
- 아이를 준비시키기 위한 사전경험을 통해 아이와 얘기하는 법
- 새로운 경험을 위해 아이가 미리 연습할 수 있도록 돕는 법
- 당신이 아이의 안정 수준과 대화 사다리의 현재 단계를 유지하기 위해 여름철 동안 사용할 수 있는 전략들
- 다음 해의 아이 성공을 계획하기 위해 현재 학교에서 당신이 맡을 수 있는 역할

당신이 이 책에서 읽었던 것처럼(아마도 이미 당신 자신의 경험으로부터 알고 있거나), 많은 선택적 함묵증 아동들은 다른 불안 아동들과 함께 공통의 것들을 가지고 있다. 특히 선택적 함묵증 아동들은 매일 일상에서의 변화나 이동(transitions)에 적응하는 것이 어렵다.

아이가 선택적 함묵증을 점진적으로 극복해 나가는 동안 일상적인 학교생활 속에서 아이의 일반적 안정수준과 전체적인 진전을 방해하는 변화를 겪게 되는 시간이 있을 수 있다. 때때로 질병으로 인한 교사나 친구의 결석과 같은 예기치 못한 변화가 있을 수 있다. 그리고 예정된 학교 방학과 같은 이동이 있을 수도 있다.

변화에 적응하기 어려운 아동의 부모로서 당신은 아이가 이동시간을 더 편안하게 느낄 수 있도록 만들 수 있는 방법을 생각해 보는 것이 유용하다. 아이가 새로운 일상에 더 빨리 적응할수록 다음 단계의 대화 사다리를 보다 더 빨리 밟을 수 있기 때문이다.

『당신의 불안한 아동을 양육하는 방법(Keys to Parenting Your Anxious Child)』(Manassis, 1996)과 『당신의 불안한 아동 돕기(Helping Your Anxious Child)』(Rapee et al., 2000)라는 책과 같은 좋은 책들은 아동이 새로운 경험에 적응하거나 불안한 시간을 조절하도록 돕기 위해 부모가 사용할 수 있는 전략들을 설명해 준다. 예상되는 아이의 이동을 준비하는 것을 돕기 위해 우리가 추천하는 2개의 주요 전략이 있다. 하나는 미리 이동에 대해 얘기하는 것이고 다른 하나는 예정된 시간보다 미리 노출의 기회를 제공하는 것이다.

불안을 야기하는 이동에 대해 미리 얘기하기

만약 당신이 아이의 담임교사가 부재하게 되거나 좋아하는 반 친구가 다음 주 학교를 떠나는 것을 알게 된다면, 미리 아이와 그런 사실에 대해 얘기하자. 아이에게 발생하게 될 일들에 관해 대략적으로 설명해 주고 그 경험에 대한 새로운 기대를 발전시키도록 도와주자. 예를 들면, 재키(6세)는 엄마가 지난 주말에 버스운전사가 바뀔 거라는 것을 미리 얘기해 주었기 때문에 버스 대리 운전사와 더욱 편안하게 있었다. 재키와 엄마는 그 주에 버스에 앉았던 좌석과 옆에 앉았던 사람에 대해 말했다. 재키는 원래의 버스 운전사에게 했던 것처럼 새로운 버스 운전사에게 오후에 "안녕" 하면서 손을 흔들기도 했다.

이와 유사하게 학교 가기를 싫어했던 에릭(10세)은 지난 주 아픈 후 학교에 되돌아가는 것이 어떠한지에 대해 얘기해보는 기회를 통해 도움을 얻었다. 에릭의 부모는 학교로 돌아간 첫날의 일정이 어떠한지에 대해 얘기해 주었고, 에릭이 놓친 수업들을 어떻게 찾을 것인지와 가장 친한 친구들을 언제 만날 수 있는지에 대해 알려 주었다.

일반적으로 이러한 종류의 사전 설명은 예상되는 것에 대한 정보를 줌으로써 아동의 불안을 완화시키는 데 도움이 될 수 있다. 이러한 형태의 준비와 함께, 아이는 새로운 경험을 더 예상할 수 있고 더 조절할 수 있다고 느낄 수 있게 되었다. 물론 당신은 얼마나 많은 토론이 필요하고 이전에 얼마나 오랫동안 토론을 가져야 하는가를 결정함에 있어서 당신 자신의 판단력을 사용해야 할 것이다. 몇몇 아동들에게는 준비를 위한 정보와 시간이 많으면 많을수록 좋다. 다른 불안한 아동들에게는 너무 많은 사전 토론은 예상되는 사건에 대한 불안을 증가시킬 수 있다. 아동이 성공적으로 만들었던 다른 이동에 대해 알고 있는 것을 생각해 보자. 당신이 생각하기에 어떤 접근이 아동에게 가장 효과적이었는가?

연습 경험 미리 제공하기

아이를 위해 변화나 새로운 경험을 예상할 때, 아이에게 상황을 시험해 보기 위한 기회를 미리 제공하는 것이 도움이 될 수 있다. 예를 들면, 재키의 부모들은 첫 수업이 시작되기 전에 재키에게 댄스 스튜디오를 방문하도록 하였다. 그리고 에릭의 아버지는 에릭과 함께 시즌의 첫 연습 전에 축구장에서 몇 개의 게임을 했다. 아동은 새로운 경험에 미리 노출되는 기회로부터 도움을 받고 있다고 생각하는가? 아이에게 익숙하지 않는 상황(잠재적으로 불안을 야기하는 상황)을 미리 소개함으로써 미지의 것이 익숙해지고 편안하게 될 수 있다. 아이가 실제 상황에 들어가는 것이 필요할 때 아이는 예상되는 것을 알고, 자신감 있게 현실에 접근하여 더 매끄럽게 이동할 수 있게 될 것이다.

휴식시간 후에 학교로 되돌아 갈 준비 하기

공휴일, 봄방학 또는 여름방학처럼 계획된 학교 방학은 아이를 위해 아주 중요한 이동이고, 그것들은 특별히 고려되어야 한다. 선택적 함묵증을 극복해 나가는 과정에 영향을 미칠 수 있기 때문에 당신과 관리팀은 이러한 방학을 위해 미리 계획하는 것이 중요하다.

아이가 학교 환경으로부터 벗어나는 시간 동안 당신은 선택적 함묵을 극복하는 데 있어서 아이의 일반적 진전과 학교에서의 안정 수준을 유지하는 다른 방법을 생각하게 될 것이다. 작은 이동을 통한 아이 지원에 관해 언급된 동일한 전략들이 학교생활에서 장기간의 방학에 적용될 수 있을 것이다.

학교에서 안정 수준 유지하기

아이가 공휴일 이후 학교로 돌아가는 것이 예상될 때, 당신은 미리 아동에 대해 얘기할 수 있다. 이것은 종종 아동의 새로운 학년의 아동이나 여름방학 이후에 있어서 특히 유용한 전략이다. 당신은 학교로 돌아간 첫날에 무엇이 일어날 것인지, 교실에서 만나게 될 아동들과 무슨 과목을 공부하게 될지에 대해 아이와 얘기할 수 있을 것이다. 다음 학년에 대한 비공식적인 논의와 계획은 아이가 경험할 수 있는 일체의 예상되는 불안을 줄일 수 있을 것이다.

이와 유사하게 학교로 되돌아가기 전에 아이에게 노출 기회를 제공함으로써 당신은 아이가 이동에 더 편안하게 되도록 도울 것이다. 본질적으로 당신은 아이에게 이 새로운 경험을 준비하기 위한 순조로운 출발을 돕게 될 것이다. 당신이 아이에게 학교 상황에서 준비하는 시간을 제공할 수 있는 많은 창의적인 방법이 있다. 예를 들면, 에릭의 부모는 에릭이 여름 동안 학교 놀이터에서 축구를 연습하는 많은 기회를 갖도록 하였다. 때때로 에릭의 학급 놀이친구들은 놀기 위해 함께 왔고 그들은 창문을 통해 새로운 교실 안을 들여다보고 아이 스파이 게임도 했다. 재키의 엄마는 유치원이 끝날 때 재키, 재키의 친구들, 다음 학년 담임교사 및 학교의 사진을 찍었다. 엄마의 도움을 통해 재키는 사진 앨범을 만들었고 학교에서 좋아하는 시간에 관한 자신의 그림도 추가했다. 여름철 동안 재키는 정기적으로 친척에게 보여 주기 위해서나 재키 부모와 함께 다가올 학교에 대해서 얘기하기 위해 앨범을 꺼냈다.

가을에 다시 학교를 시작하고 이러한 상황에서 편안하게 말할 수 있도록 하기 위한 다른 중요한 방법으로서, 재키의 부모는 여름 말에 학교 투어를 계획했다. 재키는 학교생활 동안 자신이 대부분의 시간을 보내는 곳에 대해 얘기하고 새로운 교실이 어디 있는지 자랑스럽게 보여 주기 위해 동생을 데리고 왔다. 재키는 새로운 교실을 방문하고 새로운 담임교사를 만날 수 있었다. 가을 학기가 시작되기 전 두 번째 학교 투어에서 재키는 같은 반 좋은 친구인 캐시와 함께 되돌아왔다. 여름의 학교 방문이 학기가 시작되기 전에 아이에게 학교에서 말하는 연습을 제공하고 새로운 학기에 적응하도록 하는 데 도움이 되었다고 생각하는가?

대화 사다리에서 단계 유지하기

아이가 학교에 가지 않는 동안 학교에 관련된 상황에 대해 말할 때 아이의 안정 수준을 유지하는 법에 대해 생각하는 것은 중요하다. 학교가 공휴일 동안 문을 닫았을 때, 당신은 아이를 위해 대화 연습을 계획할 수 있는 다른 방법에 대해 생각해 보았는가?

아이가 더 긴 시간 동안 학교로부터 떠나 있을 때, 우리는 당신에게 좋아하는 반 친구와 빈번한 놀이시간을 계획하는 것을 강력하게 추천한다. 바쁜 겨울방학 동안 준비하는 것은 상당히 부담스러울 수 있으며, 봄방학이나 여름방학 동안 이를 하는 것이 더 쉬울 것이다. 아이가 반 친구와 상호작용을 연습하는 기회를 계속적으로 얻는 동안, 당신은 아이를 위해 학교 경험이 살아 있도록 유지할 수 있는 방법에 대해 생각해야 한다. 예를 들면, 재키의 엄마는 거실을 교실처럼 만들었고 재키와 재키 친구 캐시에게 학교 놀이를 하도록 했다. 학교 운동장에서 정기적인 축구게임을 하는 것에 추가하여, 에릭의 부모는 에릭이 좋아하는 여름 모험활동들을 설명하는 편지를 새로운 담임교사에게 쓰도록 하였다. 아이가 방학 동안 학교에 대해서 계속해서 생각하고 학교와 편안한 관계가 유지될 수 있는 방법을 생각해 볼 수 있는가?

다음 학기를 생각하기

아이가 당장에 새로운 학년이나 새로운 담임교사로 이동하지 않는다 할지라도 실제로 그런 때가 도래했을 때 당신이 무엇을 할 수 있는지 아는 것이 도움이 될 것이다. 이상적으로는 늦은 봄(미국은 9월에 학기가 시작되기 때문에)에 관리팀은 학교에 가기 위한 계획을 만들기 시작해야만 한다. 논의되어야 할 몇 가지 문제점은 다음과 같다.

- **관리팀 구성원의 변화** 만약 가능하다면, 현재 관리팀의 구성원 중 다음 해의 팀에 일부분이 될 수 있는 구성원이 누구인지를 결정하자. 새로운 담임교사는 팀에 중요한 추가 구성원이 될 수 있고 연말 모임에 초대되어야 한다. 이 모임은 새로운 담임교사에게 선택

적 함묵증, 관리팀이 아이를 돕는 방법, 아이에게 필요한 학업 프로그램의 수정에 대해 사전적으로 배우는 기회를 제공할 것이다.

- **다음 가을 첫 관리팀 회의의 일정 조정** 관리팀이 새로운 학년을 계획하기 위해 가을 초에 만날 장소와 시기를 논의하라.
- **다음 해를 위한 아이의 학급 배치** 아이의 학교 크기에 따라 다음 해에 배치될 수 있는 학급이 하나 이상일 수도 있다. 만약 학급 배치의 결정에서 융통성이 있을 수 있다면, 관리팀은 그 반에 배치될 또래들과 관계될 교사에 대해서 생각해 보아야 한다. 만약 다음 해의 교사가 이전에 당신의 아이를 가르쳤다면, 관리팀은 아이가 이러한 익숙한 관계로부터 이점이 있을지 아니면 새로운 누군가와 함께 관계를 형성하는 것이 이점이 있는지를 고려할 수 있을 것이다. 아이가 학교 안이나 밖에서 말하는 반 친구나 좋아하는 또래와 같이 있을 수 있도록 허용되는 학급 배치를 고려하는 것은 아주 중요하다.
- **여름 동안 학교 건물에 접근하기** 전형적으로 새로운 학기가 시작되기 전 몇 주 동안, 교직원들은 새 학기 준비를 하면서 건물 안에 있을 수 있다. 종종 그것은 아이와 함께 학교 방문을 계획하기에 좋은 기회이다. 여름방학이 시작되기 전에 당신은 연락할 사람과 언제 학교를 방문할지 계획을 확실히 해야 한다.

아이의 다음 학년 계획을 시작하기 위한 시간이 되었을 때, 당신은 할 수 있는 것이 무엇인지 확인하기 위해 책의 이 부분으로 돌아올 수 있다. 우리는 표 14의 과제 리스트가 향후 학교생활 동안 아이의 지속적인 진전과 성공을 보장할 수 있도록 하는 유용한 조언이 되기를 바란다.

선택적 함묵증은 상대적으로 드문 장애이기 때문에 대중, 많은 교육자들 그리고 아동의 웰빙에 헌신하는 다른 전문가들이 잘 이해하지 못한다. 그 양상과 그것에 의해 영향 받은 아동들에게 어떻게 최선의 도움을 줄 수 있는지에 관한 현재의 정보를 제공하는 데 사용할 수 있는 자원은 매우 희박하다. 이러한 난처한 장애와 이것이 가져온 많은 질문에 맞닥뜨린 부모인 당신에게 이 책이 몇몇의 답을 제공하기를 바란다. 가장 중요한 것은 당신이 이 책을 읽음으로써 그 양상, 개입전략의 사용법, 아이가 선택적 함묵증을 극복하는 것을 돕는 데 있어서 당신의 중요한 역할에 대해 이해를 증진시켰기를 바란다.

표 14 과제 리스트 : 여름 이동과 새로운 학년 준비하기

✓	과제	설명
	친구들	아이가 여름 동안 놀이할 수 있는 내년의 학급 친구들 리스트
	활동들	아이가 친구들과 함께 편안하게 놀이하고 말하도록 격려되는 활동과 장소 리스트
	친구와 놀이 날짜	아이와 학급 친구를 위해 자주 만나는 계획
	학급 방문	학교 시작 전에 아이의 새로운 교실에 방문하기. 그 해 동안 아이가 말한 사람들을 초대하기
	학급 선택	관리팀과 함께 아이의 욕구를 충족시키는 학급을 결정하기
	동료 선택	현재 아동이 말하거나 놀이하는 동료 리스트. 이러한 학생들은 가능하다면 같은 학급에 있는 것이 안전하다.
	관리팀	가을 관리팀의 구성원을 확인하기
	교사 소개	팀에게 내년의 담임 교사를 소개하고 선택적 함묵증에 대해 정보를 제공하기. 가을 계획을 발달시키기
	가을 좌석 배치	아이를 위한 좌석 배치를 고려하기
	가을 좌석 친구	아이가 옆에 앉을 수 있는 학생을 확인하기
	가을 팀 만남	당신의 첫 가을 관리팀 만남을 계획하기

참고문헌

American Psychiatric Association. 1994. *Diagnostic and statistical manual of mental disorders* (4th ed). Washington, DC: Author.

Beidel, D. C., Turner, S. M., & Morris, T. L. 1999. Psychopathology of childhood social phobia. *Journal of the American Academy of Child and Adolescent Psychiatry, 38*, 643-650.

Bergman, R. L., Piacentini, J., & McCracken, J. T. 2002. Prevalence and description of selective mutism in a school-based sample. *Journal of the American Academy of Child and Adolescent Psychiatry, 41*, 938-946.

Black, B., & Uhde, T. W. 1995. Psychiatric characteristics of children with selective mutism: A pilot study. *Journal of the American Academy of Child and Adolescent Psychiatry, 34*(7), 847-856.

Boivin, M., Hymel, S., & Bukowski, W. M. 1995. The roles of social withdrawal, peer rejection, and victimization by peers in predicting loneliness and depressed mood in children. *Development and Psychopathology, 7*, 765-786.

Cunningham, C. E. (2001, Summer). *COPEing with selective mutism: A collaborative school-based approach. Consultant's manual.* (Available from McMaster Children's Hospital, Chedoke Child and Family Centre, Attention Randi Knight, P.O. Box 2000, Hamilton, ON, Canada, L8N 3Z5. See the Web site at http://www.psychdirect.com/children/selectivemutism.htm for a downloadable order form.)

Cunningham, C. E., Cataldo, M. F., Mallion, C., & Keyes, J. B. 1984. A review and controlled single case evaluation of behavioral approaches to the management of elective mutism. *Child and Family Behavior Therapy, 5*(4), 25-49.

Cunningham, C. E., McHolm, A., Boyle, M. H., & Patel, S. 2004. Behavioral and emotional adjustment, family functioning, academic performance, and social relationships in children with selective mutism. *Journal of Child Psychology and Psychiatry*, 45(8), 1363-1372.

Dummit, E. S., Klein, R. G., Tancer, N. K., Asche, B., & Martin, J. 1996. Fluoxetine treatment of children with selective mutism: An open trial. *Journal of the American Academy of Child and Adolescent Psychiatry*,, 35(5), 615-621.

Dummit, E. S., Klein, R. G., Tancer, N. K., Asche, B., Martin, J., & Fairbanks, J. A. 1997. Systematic assessment of 50 children with selective mutism. *Journal of the American Academy of Child and Adolescent Psychiatry*, 36, 653-660.

Elizur, Y., & Perednik, R. 2003. Prevalence and description of selective mutism in immigrant and native families: A controlled study. *Journal of the American Academy of Child and Adolescent Psychiatry*, 42(12), 1451-1459.

Hayden, T. L. 1980. The classification of elective mutism. *Journal of the American Academy of Child and Adolescent Psychiatry*, 19, 118-133.

Hofmann, S. G., Moscovitch, D. A., & Heinrichs, N. 2003. Evolutionary mechanisms of fear and anxiety. *Journal of Cognitive Psychotherapy*, *16(3)*, 317-330.

Johnson, M., & Wintgens, A. 2001. *The selective mutism resource manual.* Bicester, Oxford: Speechmark Publishing Ltd.

Kendall, P. C., Chu, B. C., Pimentel, S. S., & Choudhury, M. 2000. Treating anxiety disorders in youth. In P. C. Kendall (Ed.), *Child and Adolescent Therapy: Cognitive-behavioral procedures* (pp. 235-287). New York: Guilford.

Kristensen, H. 2000. Selective mutism and comorbidity with developmental disorder/delay, anxiety disorder, and elimination disorder. *Journal of the American Academy of Child and Adolescent Psychiatry*, 39, 249-256.

Kristensen, H. 2001. Multiple informants' report of emotional and behavioural problems in a nation-wide sample of selective mute children and controls. *European Journal of Child and Adolescent Psychiatry, 10*, 135-142.

Kristensen, H., & Torgensen, S. 2001. MCMI-II personality traits and symptom traits in parents of children with selective mutism: A case-control study. *Journal of Abnormal Psychology, 110*, 648-652.

Kumpulainen, K., Rasanen, E., Raaska, H., & Somppi, V. 1998. Selective mutism among second-graders in elementary school. *European Journal of Child and Adolescent Psychiatry, 7*, 24-29.

Manassis, K. 1996. *Keys to parenting your anxious child*. Hauppauge, New York: Barron's Educational Series, Inc.

Ollendick, T. H., King, N. J., & Muris, P. 2002. Fears and phobias in children: Phenomenology, epidemiology, and aetiology. *Child and Adolescent Mental Health, 7*(3), 98-106.

Pellegrini, A. D., Bartini, M., & Brooks, F. 2001. School bullies, victims, and aggressive victims: Factors relating to group affiliation and victimization in early adolescence. *Journal of Educational Psychology, 91*, 216-224.

Pionek Stone, B., Kratochwill, T. R., Sladezcek, I., & Serlin, R. C. 2002. Treatment of selective mutism: A best-evidence synthesis. *School Psychology Quarterly, 17*(2), 168-190.

Rapee, R., Spence, S., Cobham, V., & Wignall, A. 2000. *Helping your anxious child*. Oakland, Calif.: New Harbinger Publications.

Remschmidt, H., Poller, M., Herpertz-Dahlmann, B., Henninghausen, K., & Gutenbrunner, C. 2001. A follow-up study of 45 patients with elective mutism. *European Archives of Psychiatry and Clinical Neuroscience, 251*(6), 284-296.

Steinhausen, H., & Juzi, C. 1996. Elective mutism: An analysis of 100 cases. *Journal of the American Academy of Child and Adolescent Psychiatry, 35*, 606-614.

Vecchio, J. L., & Kearney, C. A. 2005. Selective mutism in children: Comparison to youths with and without anxiety disorders. *Journal of Psychopathology and Behavioral Assessment, 27*(1), 31-37.

찾아보기

ㅇ

ㅈ

ㅊ